GUÍAS PRÁCTICAS DE JARDÍN

PLANIFICACIÓN Y DISEÑO

del jardín

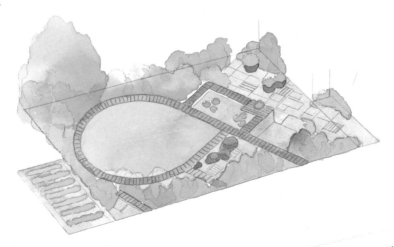

DAVID STEVEN

BLUME

BLUME

Título original:
Garden Planning and Design

Traducción:
Eva Infiesta Sander

Revisión científica y técnica de la edición en lengua española:
Xavier Bellido Ojeda
Experto en jardinería
Asesor en plantaciones y reformas

Coordinación de la edición en lengua española:
Cristina Rodríguez Fischer

Primera edición en lengua española 2001

© 2001 Naturart, S. A. Editado por BLUME
Av. Mare de Déu de Lorda, 20
08034 Barcelona
Tel. 93 205 40 00 Fax 93 205 14 41
E-mail: info@blume.net
© 1999 HarperCollins Publishers, Londres
© 1999 del texto, David Stevens

I.S.B.N.: 84-8076-389-2
Depósito legal: B.41.571-2001
Impreso en Edigraf, S. A., Montmeló (Barcelona)

CONSULTE EL CATÁLOGO DE PUBLICACIONES *ON LINE*
INTERNET: HTTP://WWW.BLUME.NET

Contenido

INTRODUCCIÓN

❖

4

LA PALABRA DISEÑO ES, con diferencia, la que más suena en jardinería en la actualidad, algo de lo que dan fe los numerosos libros y revistas que tratan sobre el tema. A pesar de que debemos considerar la difusión de esta palabra como algo positivo, el diseño del jardín nunca debería convertirse en una solución rápida a un problema, ya que este tipo de acciones casi nunca logra superar la barrera del tiempo, ni desde un punto de vista práctico ni estético.

Mientras que muchos de nosotros nos sentimos confiados a la hora de planificar la decoración del interior de nuestros hogares, nuestras ideas se agotan enseguida cuando se trata de diseñar el exterior de los mismos. En parte, ello es debido a los difíciles nombres de las plantas, junto con la desconcertante gama de materiales y utensilios que se exponen en los centros de jardinería. A esto hay que añadir la compra, muchas veces aleatoria, de bonitas plantas, tiestos y otros objetos, con lo que no es de extrañar que muchos jardines acaben convirtiéndose en una amalgama de elementos no relacionados entre sí que perturban la vista y resultan muy difíciles de mantener. Los jardines no sólo deberían intentar reflejar nuestras necesidades y personalidad, sino también armonizar la arquitectura con los espacios exteriores, de forma que ambos configuren una bella composición de conjunto.

He trabajado como diseñador de paisajes y jardines desde hace treinta años, y durante ese tiempo he creado miles de jardines de todas las formas y tamaños, tanto en zonas urbanas como rurales. Nunca he realizado dos iguales, pero todos ellos han sido

◁ **ES IMPORTANTE** *que el jardín se diseñe de acuerdo con su estilo de vida. Esta cubierta de madera elevada bajo la copa de un árbol ofrece un refugio sombreado en un lugar de clima soleado.*

◁ **LOS ELEMENTOS ACUÁTICOS**, *que figuran entre los más solicitados en un jardín, pueden incluirse en el diseño desde el primer momento.*

diseñados siguiendo una serie de normas que suelen funcionar en la mayoría de los casos. Diseñar no es una tarea que entrañe desorden, sino la aplicación de una secuencia lógica que consiga aprovechar al máximo el terreno disponible e incorpore en él todas las características deseadas.

Preparar previamente el diseño sobre el papel conlleva toda una serie de ventajas. Con ello se puede estimar el coste de los materiales y de las plantas, y los contratistas pueden presupuestar de una forma competitiva el trabajo que han de realizar en una zona particular o en todo el jardín, así como desglosar la construcción en etapas para realizarla con todo el tiempo necesario. Por último, conviene señalar que un jardín bien diseñado aumentará el valor de su hogar.

Lo que espero conseguir con este libro es eliminar el misterio que rodea el diseño y darle a conocer lu secuencia de planificación que utilizo. Se trata de un sistema simple y directo; los profesionales no pierden el tiempo con detalles innecesarios. Eso no significa que un buen diseño sea soso, más bien todo lo contrario, aunque lo cierto es que los diseños que mejor funcionan son claros y sencillos. Además, podrá beneficiarse de los muchos trucos sobre el tema que he aprendido a lo largo de los años de oficio.

Su jardín es, sin duda, un espacio de gran valor que debería proporcionarle un lugar donde relajarse, jugar, comer, entretenerse, cultivar plantas y evadirse de las preocupaciones cotidianas. Seguramente será el mayor espacio sobre el que tendrá un control absoluto, y su planificación, a la vez que un reto, debería ser también una diversión y una fuente de interminables recompensas.

DAVID STEVENS

¿Qué es un buen diseño?

Un buen diseño de jardín ha de ser, en primer lugar, simple y práctico. Además, debería reflejar las necesidades de los que lo utilizan, estar vinculado a la vivienda adyacente, armonizar con el entorno que lo rodea y proporcionar verdor y colorido durante todo el año. No hay dos jardines iguales, pues su diseño dependerá de los gustos de cada persona, que son al fin y al cabo los que configurarán su organización definitiva.

6

△ **EL CONTRASTE ENTRE MATERIALES** *proporciona un sólido elemento de diseño en este jardín pavimentado.*

¿POR QUÉ DISEÑAR UN JARDÍN?

En el diseño de un jardín se controla hasta el mínimo detalle, y esto es lo que lo distingue de un ecosistema natural. Incluso las zonas que parecen más silvestres están planificadas del mismo modo que un jardín formal, aunque para adaptarse a unas circunstancias muy diferentes.

Trabajar sobre un diseño le permitirá crear un jardín a su medida y distribuir su planificación a lo largo de un período de tiempo determinado, lo que reducirá las posibilidades de complicaciones y las costosas visitas a los centros de jardinería.

Aparte del placer que se obtiene al disfrutar de un espacio creado por uno mismo, un jardín bien planificado añadirá valor al hogar en el que desea vivir.

ELEGIR EL TIPO DE JARDÍN

Aunque resulte atractivo pensar en la creación de una casa de campo típica o de un jardín de estilo oriental, un enfoque tan rígido puede resultar peligroso, sobre todo en las primeras etapas del diseño. La principal consideración a tener en cuenta son sus necesidades y las de su familia. Tiene poca lógica soñar con un idílico jardín de casa de campo de estilo inglés, por ejemplo, y luego encontrarse a sus hijos jugando al fútbol, montando en bicicleta o correteando entre sus preciadas espuelas de caballero.

Recuerde que un jardín puede cambiar de estilo y carácter tras cierto período de tiempo, y lo que puede empezar como un práctico y atractivo entorno familiar puede acabar, al cabo de los años, convirtiéndose en un tranquilo paraíso dedicado a las plantas.

ADECUAR LA FORMA A LA FUNCIÓN

Un buen jardín es, por lo tanto, el que refleja las necesidades de sus dueños de una forma sencilla y directa. Un lugar práctico pero lleno de interés y de sorpresas y capaz de aprovechar al máximo el espacio disponible. Los mejores diseños permiten dividir el terreno en diversas zonas, cada una con un tema o propósito diferente. Nada de esto es caro o difícil de conseguir. La mayoría de los diseñadores de jardines trabajan siguiendo una serie de reglas ya comprobadas que suelen funcionar en la mayoría de las situaciones. No hay nada misterioso en estos «trucos del oficio»: lo único que debe hacer es seguir los consejos que se dan en las páginas siguientes y conseguirá realizar el diseño de jardín que siempre había soñado.

◁ **LOS NIÑOS MÁS PEQUEÑOS** *pueden disfrutar de un espacio especialmente dedicado a ellos mediante la integración de un cuadro de arena en una superficie pavimentada. Cúbralo cuando no lo utilice.*

◁ **EN ESTE PATIO INTERIOR**, *la mesa y las sillas descansan sobre una cubierta de madera elevada, mientras que la zona central del jardín está pavimentada con baldosas de piedra. El estanque añade interés al conjunto y su relajante sonido contribuye a enmascarar los ruidos de la ciudad. El pequeño cobertizo, en una esquina, se ha pintado de oscuro para hacerlo pasar desapercibido.*

▷ **UNA ESCALERA DE OBRA** *separa los dos pisos de este jardín, pero el césped existente en ambos niveles aporta continuidad al conjunto. El diseño geométrico se suaviza con una vegetación abundante.*

Empezar de cero

Comenzar con una parcela completamente nueva comporta ciertas ventajas
y desventajas. El aspecto positivo es que se posee un terreno completamente
limpio, lo que permite planificar todo exactamente tal y como uno desea.
La parte negativa es que, a menudo, se hereda un espacio estéril y poco
protegido de las miradas curiosas de los vecinos.

FORMULARSE LAS PREGUNTAS CORRECTAS

El primer paso en cualquier planificación consiste en hacerse dos preguntas: qué es lo que tengo, y qué es lo que necesito. Si usted es capaz de responder a estas cuestiones de una manera franca y precisa, estará en camino de crear con éxito un jardín. Sin embargo, si su parcela es de nueva creación, eche primero un vistazo para ver qué es lo que han dejado los constructores. Por lo general, un montón de escombros y, a menudo, losas, ladrillos y un camino hacia la puerta trasera de la vivienda. También es muy posible que hayan dejado una zona de césped.

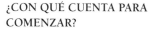

△ OBSERVE CON CUIDADO LOS LÍMITES *y anote el estado de las vallas y los muros. Quizá decida reemplazarlos en el diseño final.*

Éste es el momento de comprobar la calidad del suelo para asegurarse de que los constructores han provisto el terreno de una capa de tierra superficial limpia y suficientemente gruesa. La diferencia entre la capa superficial del suelo y la del subsuelo radica en su fertilidad: la primera debería ser rica en materia orgánica, fácil de trabajar y capaz de proporcionar a las plantas un crecimiento saludable. El subsuelo, que se sitúa debajo de esta capa superficial, no permite el crecimiento vegetal y suele ser imposible de trabajar. Sin embargo, algunos constructores irresponsables esparcen sobre el terreno del jardín la tierra del subsuelo obtenida durante la construcción de los cimientos. Si ése es el caso, exija a la persona responsable que retire esta capa y la sustituya con una capa superficial de tierra limpia.

¿CON QUÉ CUENTA PARA COMENZAR?

Esto puede evaluarse realizando una simple inspección. Más adelante se tratará el problema de cómo medir el jardín, ya que antes hay que considerar un buen número de factores.

• Compruebe los elementos existentes, incluyendo los tipos de vallas y muros, y tenga en cuenta los materiales con los que está construida la vivienda, ya que todo ello puede dar ideas para aplicarlas en el nuevo jardín.

• Analice si hay buenas vistas que se puedan aprovechar o, como sucede mucho más a menudo, si éstas han de taparse para ocultar su visión. Compruebe cualquier cambio en el nivel del terreno, pues si los hubiera, determinarán la posición de las escaleras.

• Averigüe la orientación de su parcela por la posición del sol durante el día. Éste se eleva por el este, desaparece por el oeste y se sitúa hacia el sur al mediodía (en el hemisferio norte). Un recorrido por el jardín le sugerirá el mejor lugar para situar el patio, la piscina (o estanque), el cenador o el invernadero, así como los espacios donde cultivar hortalizas y plantas que requieran condiciones soleadas o umbrías. En caso de duda, utilice una brújula.

• Descubra qué tipo de suelo posee, si es ácido o alcalino, ya que esto determinará el tipo de plantas que florecerán en su jardín. Esta evaluación general conviene

△ UTILICE UN ANALIZADOR DE SUELOS *para comprobar qué tipo de suelo posee. Asegúrese de tomar muestras en diferentes lugares, ya que el suelo puede variar según las zonas del jardín.*

△ **DISEÑAR LA ESTRUCTURA BÁSICA DEL JARDÍN** *y construirlo por partes ayuda a conocer su pleno potencial.*

realizarla a lo largo de varios meses; si dispone de un año entero, podrá comprobar los cambios que se suceden durante las estaciones, así como el patrón de las sombras proyectadas por edificios y árboles, y logrará obtener una percepción del espacio que le resultará de gran valor cuando llegue el momento de preparar el diseño.

¿QUÉ ES LO QUE DESEA?

Confeccione una lista de sus necesidades y requerimientos durante cierto período de tiempo, haciendo partícipe de la discusión a toda la familia, puesto que todos sus miembros utilizarán el espacio de un modo u otro. Por supuesto, deberá limitar su lista de propuestas al espacio disponible, aunque lo más habitual es incluir en ella una zona de pradera, un patio, un estanque, una barbacoa, un columpio, un tobogán, un cobertizo, un invernadero, un huerto, varios frutales, arbustos, plantas herbáceas y zonas de rocalla. Si la lista le parece demasiado larga, podrá reducirla posteriormente: lo importante es no dejarse nada fuera de la planificación.

LA PLANIFICACIÓN DEL TRABAJO

Sólo cuando haya terminado el diseño se puede planificar la construcción del jardín, aunque debe considerarse un orden lógico de trabajo para la realización del proyecto. La creación del jardín se dividirá en una primera etapa consistente en la construcción de los componentes físicos o «duros» del paisaje, que comprenden los pavimentos, las paredes, las vallas, los senderos y otras estructuras permanentes, seguida de la introducción de elementos «blandos» como las zonas de césped y el resto de plantas.

Por lo general, primero se aborda el problema de los componentes físicos. La lógica dicta trabajar a partir de los extremos de la vivienda, situando en primer lugar el patio o la terraza, los cuales pueden incorporar parterres elevados, vigas altas, barbacoas de obra y lugares de asiento. Antes de empezar a trabajar con el proyecto, entierre bajo el pavimento los cables eléctricos, todos ellos bien protegidos por los correspondientes conductos; si es necesario, contrate antes los servicios de un electricista. Piense también en la disposición de una salida de agua externa que proporcione el riego al jardín.

En un jardín con desnivel, la terraza puede unirse al él mediante escalones, que a su vez abrirán una vía para situar los senderos que lo atraviesen. Si se requiere una nueva valla o pared que proporcione refugio o una barrera visual, colóquela antes de seguir adelante.

Si el constructor no ha dejado una pradera o zona de césped, éste será nuestro siguiente trabajo, cuando aún no se haya creado ningún parterre ni haya cultivo por en medio. Entonces puede levantar un arco o una pérgola e instalar cualquier edificación de jardín. Además del patio, piense en construir en el jardín una pequeña superficie de trabajo hormigonada o pavimentada alrededor del cobertizo o del invernadero, ya que será de gran utilidad para aparcar la carretilla y organizar las herramientas, y le permitirá realizar muchos trabajos al aire libre. El pavimento también es útil en la zona frontal del cenador o debajo de una pérgola. Finalmente puede considerar la inclusión de otros elementos, tales como rocallas o un estanque.

En lo que se refiere al «paisaje blando», en primer lugar han de situarse los árboles, convenientemente estacados y atados, seguidos de los arbustos, las plantas herbáceas y la cobertura del suelo. También deben cubrirse con un manto de corteza los arriates para preservar la humedad mientras las plantas se establecen. Emplee tablones para proteger un nuevo césped de las pisadas.

Trabajar en un jardín ya existente

Trasladarse a un jardín previamente establecido significa que, en lugar de empezar con una parcela limpia, heredará elementos ya existentes que no encajarán totalmente con sus propias necesidades. Es importante que no se sienta desanimado por ello, aunque, por otro lado, piénselo detenidamente antes de eliminar los árboles existentes y los arbustos que tanto tiempo han tardado en crecer. La madurez no es una cosa que se pueda sustituir de una forma instantánea.

10

EVALUAR EL JARDÍN

Cuando un jardín ha sido diseñado por otra familia, en un principio puede parecer perfecto; sin embargo, ¿realmente encaja con su forma de ser? Si ha sido bien cuidado, la tentación es la de dejar las cosas tal y como están o simplemente añadir nuevas características a las ya existentes en un intento de que se ajuste más a sus necesidades. Sin embargo, hay que tener en cuenta que esta estrategia raramente funciona: su primer trabajo debería ser el de realizar una profunda observación de lo que hay y decidir qué es lo que quiere conservar y qué desea eliminar.

Entre los elementos existentes de los que quizá decida desprenderse se encuentran las parcelas de vegetación para el mantenimiento de las cuales no tendrá

tiempo necesario, los márgenes que resultan muy grandes de manejar o demasiado pequeños para las plantas que desea cultivar, un estanque que pueda constituir un peligro para sus hijos pequeños o simplemente la falta de una terraza suficientemente grande para que su familia pueda comer en el exterior.

La inspección básica debe llevarse a cabo de la misma forma que para un jardín completamente nuevo, pero habrá más elementos que valorar y de los cuales tomar nota. Es importante comprobar la posición de los árboles y otras grandes plantas existentes, e identificarlos si es posible. Es probable que desee conservar algunos y eliminar otros para cambiarlos por plantas de su propia elección. Realice una lista de todos los elementos que le gustaría incluir.

AÑADIR Y ELIMINAR

Entre las medidas más drásticas se pueden incluir: la eliminación de un árbol que ha crecido en exceso o que produce demasiada sombra; la reconstrucción o ampliación de una terraza o la ruptura de un pavimento para sustituirlo por una zona de césped; la construcción de nuevos senderos para mejorar los accesos al jardín, y el incremento de superficies duras para el paso de juguetes con ruedas. Si tiene niños pequeños, es posible que además desee instalar una zona de juego segura que sea claramente visible desde la casa.

Si quiere introducir un cenador, un invernadero o un cobertizo, su posición

△ **SE HA APROVECHADO** *un terreno con desnivel para crear una serie de estanques, unidas por un relajante salto de agua. La exuberante vegetación en los bordes, que incluye lirios, ligularias y lechetreznas, suaviza los límites del estanque y enriquece la sensación acuática del jardín.*

▽ **EN ESTE DISEÑO INFORMAL** *de bajo mantenimiento, las plantas amantes del sol sobresalen por encima de la grava, mientras que el reloj de sol actúa como un punto focal.*

◁ ESTE JARDÍN PRESENTA UNA
SUAVE TRANSICIÓN *entre la superficie
dura del patio y los macizos delicadamente
plantados en el fondo. Los manzanos,
ya de cierta edad, dan carácter al
conjunto y se han dejado como elemento
característico del césped.*

11

matojos de crecimiento rápido; cualquiera
que sea la primera tentación, no ha de
adoptarse nunca una política de «cortar
y quemar», ya que casi siempre suele
haber árboles y arbustos que vale la pena
conservar. Procure desenraizar las zarzas
y otras plantas invasoras cuanto antes,
pero tómese su tiempo por lo que respecta
al resto e intente conocer en profundidad
el jardín antes de embarcarse en una reforma
drástica. Si es posible, déjelo durante varias
estaciones para ver qué tipo de plantas
aparecen.

RENOVACIÓN DEL JARDÍN

Al igual que en un jardín nuevo, en
primer lugar debe renovarse cualquier
componente físico del mismo y después
empezar a dejarlo todo en condiciones.
El pavimento quizá requiera cambiarse
o simplemente retocarse, las vallas
y los muros han de examinarse para
comprobar su robustez y su resistencia
al agua y los estanques deben limpiarse
si se encuentran llenos de limo. A
continuación, puede pasarse a ordenar
los parterres y enriquecer el suelo con la
adición de abono orgánico. En la época
del año apropiada, pode los arbustos,
divida las plantas perennes más
resistentes, aclare y ate las trepadoras
cuidadosamente a espalderas o alambradas
horizontales y comience la renovación
del césped.

Deje en algún parterre unas cuantas
plantas para dar la impresión de madurez
mientras se desarrollan sus nuevas
plantas. Ya las retirará más tarde si no
acaban de convencerle. También puede
dar un aspecto estable a una plantación
joven con el cultivo de plantas de
crecimiento rápido, como la budleya,
la retama y la malva, las cuales, si
lo desea, podrá retirar asimismo más
adelante.

EN MARCHA

❖

Es mejor trasladar las plantas que se
encuentran situadas en un lugar poco
adecuado que deshacerse de ellas.
Extraiga los arbustos caducifolios
en invierno cavando cuidadosamente
alrededor de su base y deposítelos en
sacos de polietileno con la mayor parte
posible de sus raíces. Arrastre los sacos
por la pradera o el pavimento y llévelos
a agujeros bien preparados con una
tierra nueva que sustituirá a la vieja.
Riegue abundantemente; si es un lugar
ventoso, átelos a una estaca y pode los
tallos hacia la mitad de su longitud.

dependerá de la organización del jardín y,
en el caso de que fuese un invernadero, del
curso del sol a lo largo del día. Quizá desee
incorporar o eliminar un huerto o un cultivo
de herbáceas, añadir rocalla en una ladera
soleada o incluir un estanque. Es posible que
decida colocar una pérgola sobre una pista
existente o construir un pequeño pabellón
en una esquina distante. Además, puede
reducir, aumentar o simplemente reorganizar
los cultivos existentes. Todos los nuevos
elementos deben situarse en función de la
composición primitiva, a no ser que decida
que ésta no le convence, en cuyo caso deberá
modificar el diseño para incorporar sus
nuevas ideas.

Si un pequeño césped se encuentra en
malas condiciones, se puede considerar la
posibilidad de pavimentarlo para reducir
el mantenimiento e incrementar el lugar
de asiento. Por otro lado, si hay demasiado
pavimento, lo lógico sería reemplazarlo por
césped o cultivos, pero para ello deberá
romper toda la superficie antigua y los
cimientos que existan bajo los bancales
elevados u otros elementos. No olvide
romper y preparar meticulosamente el suelo
para mejorar el drenaje, introduciendo en él,
mediante una laya, estiércol bien maduro o
compost. Para arbustos y plantas en general
necesita añadir 45 cm de tierra superficial
limpia; para el césped, esta profundidad
puede reducirse a 15 cm.

A menudo, la primera visión de un jardín
ya existente es la de un lugar lleno de

Acerca del diseño

Su lista de preferencias será ahora de gran valor para trabajar sólo lo que realmente sea necesario y para disponer los diferentes componentes según su orden de importancia. Seguramente, una terraza se encontrará en el primer lugar de la lista, seguida de césped, varios tipos de vegetación, una barbacoa y un estanque o una piscina. Es posible que tenga que prescindir de algunos de los elementos del final de la lista, aunque el hecho de priorizar sus necesidades ayudará a concretar su diseño de forma más clara.

12

△ **UN JARDÍN CULINARIO**
no ha de esconderse: resulta más práctico situarlo cerca de la casa.

TAMAÑO

Obviamente, el tamaño del jardín será determinante a la hora de decidir el número de elementos nuevos que se podrán incluir en él y cómo hacerlo. Un gran espacio podrá dividirse en diferentes sectores separados entre sí por muros, setos o espalderas, de modo que cada uno de los espacios tenga su propio estilo, función o tipo de vegetación. Un jardín compartimentado de esta forma contará con los clásicos elementos de misterio que hacen sentir curiosidad al visitante por lo que puede encontrar tras la esquina o en el siguiente sector, lo que proporciona una mayor sensación de amplitud.

En una parcela pequeña, deberá considerar qué elementos poseen mayor importancia para usted, ya que no dispondrá de espacio suficiente para todos ellos. Mientras que la mayoría de las personas consideran esencial la existencia de una terraza o lugar en el que sentarse, hay que tener en cuenta que esto hará disminuir la superficie disponible de cultivo, a no ser que incorpore bancales elevados. Piense con cuidado en la importancia de un césped en un espacio pequeño; puede decidir que la superficie tendrá mayor unidad si se pavimenta por completo y se disponen macetas, bancales elevados y paredes recubiertas de vegetación trepadora como elementos «blandos» esenciales.

PRESUPUESTO

Una de las ventajas de trabajar de manera planificada es que se puede asignar un presupuesto a un período de tiempo determinado, lo que permite construir el jardín por etapas en diferentes estaciones o incluso durante años. Los componentes físicos del paisaje, el pavimento, las vallas, los muros y los senderos se llevarán la mayor parte del presupuesto, ya que representan aproximadamente hasta un 75 % del total. Esto significa que resulta esencial acertar desde el primer momento, ya que los errores podrían resultar muy caros de rectificar. Las plantas constituyen la parte relativamente más barata de un jardín acabado y, si es usted un jardinero entusiasta, puede utilizar esquejes o semillas, con lo que el coste se reducirá al mínimo.

LA FUNCIÓN DEL JARDÍN

La función principal de un jardín consiste en dar respuesta a sus necesidades y las de su familia, y el secreto para conseguirlo es ordenar el espacio de una manera lógica para que unas actividades no interfieran con otras. Esto significa disponer de un lugar para sentarse y comer, situado preferiblemente cerca de la casa y dividido por un muro bajo o por la vegetación de la zona de césped, donde podrá dedicarse a todo tipo de juegos. Si el espacio lo permite, se pueden cultivar hortalizas, frutales y contar con una zona de trabajo o un almacén para herramientas. Uno de los aspectos más importantes del diseño del jardín es asegurarse de que las diferentes zonas están unidas entre ellas mediante senderos accesibles, sean cuales sean las condiciones meteorológicas, de forma que siempre sea posible el paso de un lado al otro del jardín.

◁ **EN ESTE DISEÑO FORMAL,** *las verjas y los setos bajos son los elementos utilizados para dividir las zonas del jardín. Los setos de boj forman un margen nítido que enmarca la plantación separándola en diferentes zonas.*

ADAPTABILIDAD

Ningún jardín permanece imperturbable durante toda su vida. La clave está en construirlo de manera que pueda modificarse cuando su estilo de vida se altere, sin cambiar su estructura principal. Esto significa que la zona de juegos de arena puede convertirse en un bancal elevado o en un estanque, mientras que la vegetación resistente a los juegos de pelota puede reemplazarse por especies más delicadas una vez los niños hayan crecido. Para la gente muy ocupada, un césped puede convertirse en una superficie de adoquines sueltos, de grava o de cultivo, de manera que se requiera un bajo mantenimiento.

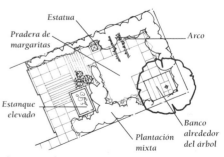

PERSONA TRABAJADORA SIN HIJOS

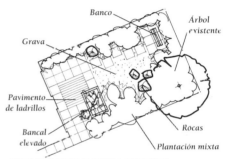

PAREJA CON NIÑOS PEQUEÑOS

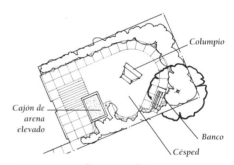

PAREJA RETIRADA

ASPECTOS PRÁCTICOS

Recuerde que el jardín además de ser bonito ha de ser útil. Intente agrupar ciertos elementos, como el cobertizo, el invernadero, un lugar de compostaje y un quemador, en una zona de trabajo de superficie dura de un tamaño suficiente. Todos estos elementos pueden separarse del resto del jardín mediante barreras visuales como espalderas o bien ocultarse tras una pantalla de vegetación.

Un tendedero suele ser indispensable, y deberá ser fácilmente accesible a través de un camino; algunos tendederos son extensibles y se sitúan en uno de los muros de la vivienda para que puedan estar bien recogidos cuando no se utilicen. Los cubos de basura pueden situarse en un almacén tapado, construido especialmente al efecto, que presente puertas con bisagras. Acuérdese de poner un cuadro de arena con una cubierta de quita y pon que sirva tanto como zona de juego como para disuadir a los gatos.

△ LOS ESPEJOS DE PARED *situados inteligentemente, en ocasiones enmarcados por falsos arcos o celosías, pueden aumentar de forma espectacular la sensación de espacio.*

SOLUCIONES A PEQUEÑA ESCALA

❖

- Las edificaciones de jardín como los cobertizos ocupan mucho espacio; sin embargo, se puede incorporar un almacén al lado o debajo de una barbacoa de obra, o diseñar vigas elevadas, cubiertas de plantas trepadoras, para encuadrar un obrador, que a su vez puede utilizarse como almacén de herramientas.

- Los parterres elevados maximizan la zona de cultivo a la vez que sus muros actúan como asientos.

- Si el sonido del movimiento del agua es una prioridad, piense que una fuente con surgencia de pared o en surtidor ocupa mucho menos espacio que un estanque.

Estilos de jardín

El estilo nunca debe confundirse con la moda, que suele ser un concepto pasajero y de escasa importancia. Puede ser peligroso copiar un estilo nacido en otro país o establecido en ciertas circunstancias e imponerlo en el jardín, ya que muy fácilmente puede acabar como una vulgar imitación. Sin embargo, si usted está influenciado por un estilo particular de jardín se puede hacer una interpretación sensible y práctica de él. El punto esencial del estilo es que ha de ser el suyo propio.

14

△ **UNA TERRAZA DE MADERA** *es el enlace perfecto entre el interior de la casa y el exterior en este jardín moderno.*

ESTILOS FORMALES

Los jardines estrictamente formales se basan en la simetría del diseño, donde un lado es el espejo del otro, y se suelen utilizar plantas, praderas, setos recortados, estanques, separaciones y otros elementos dispuestos en una organización geométrica. A menudo, donde se ve mejor este tipo de diseños es en casas de época con fachadas formales. También son apropiados en pequeños jardines urbanos, donde el diseño se convierte en una serie de escenas para ser vistas de frente. Los jardines formales dan una sensación natural de quietud y uno se ve guiado por ellos a través de la posición de los diferentes elementos. Aunque pueden resultar extremadamente elegantes y son ideales para dividirse en diferentes ambientes, son poco apropiados para una familia que necesita un amplio espacio para jugar y realizar otras actividades.

ESTILOS INFORMALES

Los jardines informales pueden adoptar cualquier aspecto y, mientras que lo mejor de ellos es que encajan en un amplio espectro de necesidades, lo cierto es que pueden dar lugar a una mera mezcla desordenada de elementos. En un buen diseño ha de haber una progresión lógica a través del espacio, desde una terraza o patio que presente una unidad con la casa hasta las zonas más alejadas del jardín, y debería haber una sensación de movimiento que se aminore desde los límites rectangulares del mismo. Los elementos y puntos focales deberían situarse cuidadosamente para conducirle a través del jardín, y la plantación debería tener un aspecto suave y natural. Sobre todo, ha de ser un jardín de estilo acogedor y familiar.

EL JARDÍN DEL AMANTE DE LAS PLANTAS

El jardín de un entusiasta de las plantas puede adoptar cualquier forma, pero lo esencial es que la mayor parte del espacio se dedicará a los arriates cultivados. Es un error pensar que en este tipo de jardines prima el cultivo a expensas de todo lo demás, ya que muchos diseños elegantemente arquitectónicos, con una fuerte estructura de elementos «duros», constituyen un contraste perfecto con la forma de las plantas y con la textura y el color del follaje y de las flores. Este tipo de jardines no requiere una amplia variedad de especies, ya que muchos amantes de las plantas son cultivadores especializados, que se regocijan en las características de sólo una familia o de un número limitado de ellas, como las plantas alpinas o las rosáceas. Entran en esta misma categoría los jardines cuya temática es el colorido, las plantas de follaje o las plantas amantes del sol o de la sombra. Estos jardines pueden ser grandes o pequeños, rurales o urbanos, pero en cualquier caso, por su propia naturaleza, suelen tender a ser lugares para cuidar y admirar, más que para jugar en ellos.

JARDINES DE CASA DE CAMPO

Este estilo romántico de jardín inglés, capaz de evocar tradiciones pasadas, necesita un mantenimiento mucho mayor del que la gente se imagina. Y, debido a que se basa en gran medida en la presencia de plantas herbáceas que mueren en invierno, puede verse muy pobre durante una mitad del año. Sin embargo, si usted desea un jardín de casa de campo, pruebe a encuadrar los parterres con setos perennes como el boj y de prever el cultivo de algunas plantas que superen el invierno, como algunas lechetreznas y eléboros, situándolas entre las perennes para añadir forma al jardín y ampliar sus posibilidades.

EL ESTILO ORIENTAL

El estilo japonés de jardín es seguramente el más difícil de copiar, en parte porque

△ **LA SIMETRÍA** *de este jardín formal se utiliza para dividirlo en «estancias». Las celosías y los setos de boj recortados enmarcan la entrada al césped, mientras que la estatua central está flanqueada por esferas de boj.*

◁ **EN ESTE JARDÍN DE ESTILO CAMPESTRE**
vemos una rica combinación de plantas que sobresalen profusamente de los márgenes en una exposición informal. Los senderos imponen una cierta estructura al diseño.

> ### JARDINES PARA LA VIDA SILVESTRE
>
> ❖
>
> En años recientes se ha producido una tendencia hacia el cultivo de especies autóctonas de árboles, arbustos y plantas herbáceas con el fin de favorecer la vida silvestre en el jardín. Este jardín de orientación ecológica siempre presenta un estilo informal, tendiendo hacia lo silvestre, ya que permite que la hierba crezca alta y deja que las plantas desarrollen las semillas antes de cortar las partes reproductoras tras la floración. Si provee al jardín de las especies adecuadas para el tipo de suelo y para las condiciones locales, el cultivo necesitará poca irrigación y requerirá menor mantenimiento.

15

◁ **ESTE SOLEADO JARDÍN MEDITERRÁNEO**
posee reminiscencias árabes. Los cítricos que crecen en macetas enmarcan el canal que vierte las aguas al estanque, mientras que el muro pintado de blanco aparece decorado con azulejos de cerámica.

parece decepcionantemente simple. A menos que usted esté completamente versado en la profunda filosofía religiosa relacionada con este estilo, que da un gran significado a la presencia y a la situación de cada planta y piedra, existe el peligro de que su jardín de estilo oriental acabe siendo un gran caos, muy alejado de lo que realmente debería ser.

Adquiera inspiración observando los simples, aunque también exquisitos, detalles de las superficies y estructuras de los jardines japoneses, tales como los suelos de grava perfectamente limpios o los nudos preciosamente atados de los paneles formadores de vallas. Aprenderá la lección vital de que la simplicidad lo es todo en términos de diseño. Puede utilizar elementos como grandes rocas de superficie lisa bien situadas o un camino de piedras sueltas entre ellas para simular el curso de un río seco y encontrar placer en la creación de una composición simple, pero perfecta.

EL ESTILO MEDITERRÁNEO
Los jardines mediterráneos evocan en nuestra imaginación bellos patios soleados, pérgolas tapizadas de plantas trepadoras que dan sombra y cálidas baldosas de terracota. Además, con los efectos del calentamiento global, tales jardines empiezan a ser

apropiados y a quedar bien en muchas partes del mundo. El cultivo más apropiado es el de plantas aromáticas y que aguanten bien la sequía, entre ellas el romero, la lavanda y el tomillo. Otras especies apropiadas de plantas son las que presentan las hojas grises y afieltradas, como los senecios y las candilleras, o con forma lanceolada como las yucas y los linos de Nueva Zelanda o formios, cuyo bajo nivel de transpiración las hace ideales para lugares de condiciones cálidas y secas.

ESTILOS MODERNOS Y MINIMALISTAS
Puesto que el diseño del jardín se basa en la simplicidad, si siente una atracción especial por los estilos modernos, ¿por qué no pensar en términos minimalistas? Una cubierta de grava con unas cuantas plantas de corte arquitectónico, adjunta a una zona de pavimento frío o a una cubierta de madera, puede resultar algo soberbio. Bastaría con colocar plantas de hoja grande, como *Vitis coignetiae* o *Fatsia japonica*, o la delicada traza de unos arces japoneses contra un muro pintado de blanco.

Dibujar un plano

A pesar de lo que le hayan podido contar, resulta imposible diseñar un jardín en la parte trasera de un sobre. El plano es la base de todo lo que vendrá a continuación, y le permitirá trabajar la construcción por pasos, dar una estimación precisa de los materiales que se necesitarán o contactar con uno o más contratistas para que le den varios presupuestos. Además, en un estadio más avanzado, le proporcionará las bases para su plan de plantación.

16

LAS MEDIDAS

Inspeccionar el jardín es un trabajo simple y bastante divertido. Necesitará un equipo básico formado por una cinta métrica de 30 m (ésta puede alquilarse si fuera necesario), una hoja de papel, un lápiz y una tablilla con sujetapapeles, una broqueta o clavo de metal y una brújula para comprobar la orientación. En primer lugar, esboce un trazo aproximado de la casa y del jardín en una hoja de papel. A continuación empiece a medir como se explica a continuación, y transfiera las dimensiones a su esbozo.

TOMAR LAS MEDIDAS

Fije la cinta métrica a una valla o algún punto cerca del límite de la casa, desenrollándola a lo largo de la anchura del jardín hasta la valla opuesta.

Ponga la cinta en el suelo y tome medidas de la construcción, incluyendo todas las ventanas, las puertas, los desagües y los registros.

Enrolle la cinta y, a continuación, repita la operación, esta vez a lo largo de la longitud del jardín y en ángulo recto a la casa, anotando la posición de cualquier elemento, árboles o plantas.

△ **COMPRUEBE LA ALTURA** *de los escalones existentes o de los muros de contención. También puede hacerse una idea aproximada del desnivel del terreno usando una cinta métrica.*

△ **A NO SER QUE DISPONGA DE UN AYUDANTE,** *utilice una estaca para fijar la punta de la cinta métrica en el suelo. A continuación tome las medidas empezando desde una esquina de la casa.*

CAMBIOS DE NIVEL

Un desnivel ascendente o descendente desde la casa tendrá que cuantificarse ya que puede determinar la posición de escalones, de una rampa u otros elementos como un estanque de dos niveles. Si cuenta con los planos arquitectónicos de la casa y del jardín, éstos le mostrarán claramente los niveles; de lo contrario, puede medir fácilmente las alturas de los escalones o muros de contención existentes y luego sumarlas para obtener el total. En un terreno que hace pendiente en bajada, se puede alargar horizontalmente desde un punto fijo una cinta métrica en ángulo recto y luego medir la distancia a lo largo del terreno para tener una idea general del cambio de nivel. En un jardín amplio podría necesitar la supervisión de un profesional.

PREPARAR UN DIBUJO A ESCALA

Cuando haya acabado de tomar medidas, transfiera la información a un dibujo hecho

---

TRIANGULACIÓN

❖

Si un elemento, como por ejemplo un árbol, se encuentra en una posición aislada que no puede medirse fácilmente con una cinta métrica a lo largo del jardín, puede utilizar una técnica denominada triangulación para fijar su posición; esta técnica también puede utilizarse para trazar los límites que se encuentran fuera de escuadra. La triangulación consiste en desenrollar una cinta métrica desde dos puntos previamente medidos (que pueden ser cualquiera de los límites de la casa) hasta el elemento escogido y anotar las distancias en un plano de medición. Después se han de transferir estas distancias, reducidas a escala, al plano con la ayuda de un compás: el árbol se encontrará en la intersección que se forme entre las dos curvas. Anote también la posición de cualquier árbol que sobresalga de los terrenos vecinos, ya que su sombra podría influir sobre los elementos que desee colocar en sus cercanías.

---

a escala que se convertirá en la base de su diseño. Esto será más sencillo si utiliza papel milimetrado y toma uno o más cuadrados para representar cada metro o decímetro. Dibuje el contorno exacto de la casa y los límites del jardín y trace la posición de las plantas existentes y los demás elementos que desee mantener.

DIBUJAR EL DISEÑO

Tomarse el tiempo necesario para examinar la topografía del terreno le permite evaluar exactamente lo que tiene y formarse una idea de lo que desea. Empezará a ver de una forma realista su jardín y existe la posibilidad de que también comience a formular

mentalmente una organización aproximada del mismo.

Una vez esté preparado para plasmar su diseño en el papel, no cristalice demasiado pronto sus ideas: en este estadio simplemente decida qué elementos habrá y dónde los localizará. Si, por ejemplo, el sol toca a la parte trasera de la casa durante la mayor parte del día, éste será sin duda el mejor lugar para situar la terraza, con la posibilidad de construir una barbacoa y posiblemente algunos parterres elevados o un estanque. De allí puede salir un sendero hacia el resto del jardín, que atraviese o circunde el césped, con un banco situado antes de llegar a las partes más alejadas, donde pueden ubicarse las zonas de trabajo o de almacén. Asegúrese de que los senderos se comuniquen entre sí y abran paso a todas las zonas del jardín.

Otros elementos de su lista de prioridades, como puedan ser una zona de juego, un cenador, un arco o una pérgola, pueden disponerse de forma aproximada en este estadio, junto con los escalones y los muros.

Suele ser una buena idea realizar varios esbozos de estructuras alternativas para enseñarlas a la familia. Una vez que todos su miembros estén contentos con una de ellas, elabore el dibujo definitivo. No colapse el diseño ni trate de introducir demasiadas cosas en él: la simplicidad es la clave del éxito.

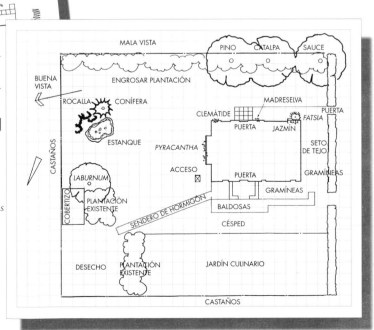

△ EMPIECE CON

un boceto aproximado y marque en él las medidas. Transfiera éstas al papel milimetrado, reducidas a una escala de 1:100 o 1:50; seguidamente, marque todos los elementos existentes que desee conservar.

17

Examinar los problemas del terreno

No todos los jardines son un simple rectángulo y, al igual que ocurre con los seres vivos, pueden adquirir cualquier forma y medida. Esto, a menudo, les da cierta personalidad, y lo que en un principio parece una forma difícil, si se trata de una manera adecuada puede convertirse en un jardín con verdadera distinción.

La clave de un jardín interesante se encuentra en nuestra habilidad para conseguir que el espacio que ocupa no pueda verse en su totalidad con una simple mirada. Mientras que los jardines cuya longitud es mayor a su anchura se pueden individualizar fácilmente mediante divisiones, con otras formas de parcela las dificultades son bastantes mayores.

PARCELAS CUADRADAS

Las parcelas de contorno cuadrado tienden a parecer estáticas, con lo que se acentúan en gran medida los límites externos, que llegan a convertirse en el elemento dominante. El primer trabajo consistirá en suavizar y disimular estos límites, y una forma de lograrlo es mediante plantas trepadoras. Una buena solución de diseño es basar el jardín en un enérgico patrón circular que instaurará una auténtica sensación de espacio y de movimiento. Otro «truco del oficio» consiste en diseñar el jardín basándose en las líneas diagonales del mismo, ya que éstas son las de mayor longitud de la parcela. En este caso, puede resultar muy efectivo girar todo el diseño en un ángulo de unos 45° con respecto a sus límites.

PARCELAS ANCHAS

Las parcelas que son más anchas que largas pueden parecer muy restrictivas, aun cuando presenten un tamaño razonable, debido a la cercanía del límite opuesto. Nunca debe situarse un punto focal en este límite, ya que la vista se dirigirá directamente hacia él, cosa que haría parecer que se encuentra más cercano de lo que en realidad está. Siéntese en su butaca favorita, mire hacia el jardín

△ **UN DISEÑO CIRCULAR** *saca el máximo partido de una parcela cuadrada ya que le da una sensación de abertura y conduce la vista hacia su perímetro.*

y determine cuál es el punto más alejado que puede observar hacia uno y otro lado. Ése será el lugar adecuado para situar un punto focal, ya que alejará la vista del límite más cercano del jardín.

JARDÍN CON FORMA DE «L»

Los jardines que desaparecen tras una esquina resultan originales, pero la realidad es que la mayoría de las personas ignoran el espacio que queda oculto, concentrándose simplemente en la parte que pueden ver. El truco consiste en introducir movimiento en la zona creando un sendero o una pérgola que comunique ambas secciones. Esto proporcionará el ingrediente esencial del misterio: averiguar qué hay más allá, y, justo en el momento en que doblemos la esquina, un nuevo jardín se abrirá ante nuestros ojos.

CÓMO BENEFICIARSE DE UN DESNIVEL

Mientras que una pendiente suave ofrece todo tipo de posibilidades, una muy empinada puede convertirse en un problema difícil y costoso de solucionar. Si desea contar con varias zonas de cultivo a diferentes niveles puede crear una serie de terrazas, aunque para construir los muros de contención necesarios deberá tomárselo con calma y, si es posible, contratar para ello a un constructor especialista. De todos modos, las posibilidades de diseño se

incrementan, ya que en los muros pueden introducirse escaleras, elementos de agua y parterres de dos niveles.

OCULTAR LAS VISTAS

Muchos jardines urbanos cuentan con vistas deprimentes o bien quedan completamente expuestos a las miradas de los vecinos. Un árbol adecuadamente situado, alguna edificación de jardín o una plantación en los bordes a menudo proporcionan una barrera visual perfecta para aumentar la intimidad del jardín. Recuerde el potencial de una pérgola, una arcada o un conjunto de vigas elevadas como barreras visuales.

△ **LOS PANELES DE CELOSÍAS** *pueden utilizarse para aumentar la altura de una valla, para ocultar vistas poco agradables o para enmascarar los alrededores urbanos.*

▷ **AQUÍ, EL INGENIOSO EMPLEO** *del cambio de nivel ha permitido crear una serie de terrazas de grava y de pavimento, y adornarlas con macetas. Los escalones de ladrillo conducen hasta el punto más bajo desde la planta de la casa.*

Colocación de vallas y celosías

Los límites de la mayoría de jardines se encuentran marcados mediante vallas de madera, mientras que las celosías se emplean como elementos divisores, para separar diferentes zonas o para disimular un cobertizo de herramientas. Existen muchos estilos de vallas, desde las formadas por robustos paneles de madera a otros tipos más abiertos que pueden realizarse a medida para una situación específica. El patrón de la celosía suele ser un entramado cuadrado o romboidal disponible en varios tamaños. La putrefacción es el principal enemigo de la madera: trate las vallas con un protector no tóxico.

20

ESCOGER UN ESTILO

Los elementos que limitan una parcela deberían proporcionar protección, seguridad e intimidad, ocultando el jardín del exterior pero sin resultar demasiado imponentes. En la mayoría de los casos se cultivan plantas sobre ellos para hacerlos totalmente opacos. Piense en el conjunto del jardín y sus alrededores y escoja un estilo de valla o de celosía que armonice con ellos. Un tipo de valla realizada con estacas alargadas al estilo rancho quedará muy bien en una casa moderna, mientras que una empalizada será más adecuada en el caso de una vivienda más tradicional, y una valla de estacas y troncos resultará ideal en torno a una casa de campo. A pesar de que exista una amplia gama de tipos de vallas, siempre cabe la posibilidad de diseñar la suya propia mediante el empleo de tablas verticales de anchuras y alturas variables que den lugar a un patrón elegante y duradero. Si es necesario para reducir el presupuesto, incluso puede utilizar madera reciclada y pintar posteriormente la valla.

Si tiene la suerte de gozar de una buena vista, seguramente deseará mantenerla poniendo una valla de poca altura o de estilo abierto. Sin embargo, en la mayoría de los jardines urbanos se acostumbra a poner sólidos límites a un precio razonable (*véase* recuadro, pág. 21).

Las vallas más caras, hechas con tablones de madera muy unidos entre ellos, se construyen sobre el terreno, con conjuntos de tablones verticales de bordes curvados o plumosos. Estos tablones se clavan a unas barras horizontales, que a su vez están sujetas mediante postes dispuestos cada 1,8 m. El margen inferior de la valla suele situarse a unos 15 cm del suelo, y se separan de él mediante un ajuste de grava o de pizarra reemplazable. Las vallas hechas con tablones unidos entre sí tienen una duración aproximada de unos veinte años.

Otras opciones son las tradicionales vallas de estacas, más apropiadas para los jardines delanteros de las casas de campo, y las de estilo rancho, en las que las estacas se disponen de forma vertical u horizontal y dan una sensación de mayor modernidad. En todos estos casos se utilizan listones fijados a barras horizontales y sujetos por

▷ **LOS PANELES DE CELOSÍA** *pueden convertirse en un punto focal por sí mismos.*

◁ **LAS VALLAS DE LISTONES** *siempre combinan bien con la vegetación.*

postes. La distancia entre los listones y la anchura de los mismos pueden variar para obtener un estilo u otro.

Las vallas trenzadas, que se utilizaban originalmente para encerrar al ganado, pueden constituir una frontera, así como un emplazamiento ideal para el desarrollo de plantas cobertoras. Se pueden adquirir paneles de diferentes anchuras y alturas hasta los 1,8 x 1,8 m, los cuales se atan mediante alambres a postes redondos. Su vida máxima es de unos diez años.

CELOSÍAS
El diseño básico con celosías utiliza un armazón abierto con tiras de madera

◁ **LAS VALLAS TRENZADAS A MANO** *tienen una magnífica textura y crean un fondo de aspecto natural para las plantas en los jardines rurales. En la fotografía puede verse una de ellas cubierta con hiedra «Goldheart».*

ESTACAS METÁLICAS

Para aguantar una valla de postes puede comprar manguitos cuadrados de metal que se fijan con una estaca. Clave ésta en el suelo, asegurándose de que los manguitos estén verticales, e introduzca los postes en su interior, montando la parte superior como se describe en las siguientes páginas.

para formar un límite que deje ver a través suyo o para formar barreras visuales internas. A menudo se utilizan en conjunción con otros tipos de límites, como por ejemplo sobre vallas o muros para incrementar la altura de la barrera. Los paneles de celosías están disponibles en un amplio abanico de tamaños, y los extremos pueden ser de perfil recto o curvado, aunque a veces se pueden encontrar en otras formas también muy interesantes. Cuanto más caras son las celosías, más complicada suele ser la combinación de los listones, que pueden ser de diferentes anchuras y con espacios más grandes o más pequeños entre ellos, y formar patrones cuadrados o romboidales. Las celosías se encuentran disponibles en madera natural, o bien pintadas en diferentes colores, y en una amplia variedad de acabados no tóxicos.

El borde superior de las celosías puede estar terminado con remates, pero intente no complicar demasiado el resultado. Fije los paneles con postes, tanto los de aquellas que desee colocar de forma aislada como los de las que prefiera situar sobre muros o vallas. Las celosías también pueden fijarse contra una pared mediante espaciadores como rollos de algodón con el fin de mantener su superficie limpia y minimizar de este modo su riesgo de putrefacción. Utilice clavos de latón o de acero inoxidable para prevenir la oxidación. Todos los modelos de celosías son buenos apoyos para las plantas trepadoras.

△ LAS CELOSÍAS SON *un gran elemento divisorio para las diferentes zonas del jardín: proporcionan una barrera visual de bajo coste, soportan las plantas trepadoras y permiten el paso de la luz para que ésta llegue a las plantas situadas detrás.*

PRESUPUESTO PARA LOS LÍMITES

❖

Una valla es uno de los elementos más caros del jardín, por lo que conviene escogerla con sumo cuidado. La opción más barata es el alambre extendido entre postes de metal u hormigón, pero esto no ofrece refugio ni protección de la intimidad y resultará de poca utilidad si hay niños pequeños o animales domésticos.

La opción más económica para disponer de una valla sólida es la utilización de paneles, normalmente de 1,8 m de longitud y en varias medidas de altura hasta 1,8 m, dispuestos entre postes de madera u hormigón. Los paneles están hechos con tiras finas de madera entrelazadas o superpuestas entre ellas (*véase* derecha) y se completan con una barra protectora en la parte superior. Suelen estar tratados para evitar su deterioro, aunque en ocasiones requieren una capa de pintura u otro producto inocuo de tonalidad oscura para evitar que sean demasiado vistosos. Si se mantienen correctamente pueden llegar a durar hasta veinte años.

COLOCAR UNA VALLA DE PANELES

Los paneles pueden disponerse entre postes de madera de 7,5 cm de diámetro o encajados entre postes de hormigón, aunque esta última opción es la más duradera. El proceso de montaje es similar en ambos casos.

Antes de empezar, calcule el espaciado entre los postes. A continuación, aclare el terreno a lo largo de la línea de la valla y cave el primer agujero para colocar un poste. Este agujero debe tener 30 cm de diámetro por 60 cm de profundidad. Llene el fondo del agujero con una sustancia dura compactada de manera que para una valla de 1,8 m de altura el poste se erija 1,9 m por encima del terreno. Esto permitirá que la parte baja de la valla no toque el suelo, con lo que se prevendrá el riesgo de podredumbre. Coloque el poste en el interior del agujero y rellene su alrededor con una mezcla semiseca de hormigón, haciendo que ésta quede ligeramente por encima del nivel del terreno para expulsar el agua lejos del poste. Compruebe que el poste se encuentra vertical y fíjelo con un puntal provisional.

Una vez el primer poste se encuentre en la posición correcta, marque el resto del recorrido con un cordón de albañil y repita la operación.

△ LOS POSTES DE HORMIGÓN *tienen una larga vida y presentan ranuras preparadas para encajar paneles de madera.*

Muros de limitación y de contención

22

Los muros son las fronteras del jardín más permanentes, pero también las más costosas. Construidos de forma apropiada, con materiales que armonicen con sus alrededores, pueden resultar preciosos. Además proporcionan una gran seguridad, requieren poco mantenimiento y pueden durar toda la vida. Su diseño ha de ser lo más sencillo posible.

△ LOS MUROS DE PIEDRA EN SECO *tienen un carácter natural muy fuerte, pero construirlos es un trabajo de expertos.*

ESTILOS Y ALTURA

Los mejores muros son los que se construyen con materiales locales, generalmente con ladrillo o piedra. Sin embargo, no debe ignorarse el potencial de los fríos bloques de hormigón, que pueden mezclarse con cemento, teñirse o estucarse para crear un estilo de muro más contemporáneo, perfecto para un hogar moderno construido con materiales similares. Ya que un muro es una inversión a largo plazo, escoja los materiales con cuidado, asegurándose de que armonicen con el paisaje de los alrededores, sean de la mejor calidad y su construcción se lleve a cabo de la mejor manera posible. Obviamente, será poco acertado colocar un muro de ladrillos u hormigón en el exterior de una casa de campo de piedra antigua. Existen multitud de materiales que imitan la piedra y que son mucho más económicos que ésta, pero no todos son adecuados.

Decida la altura del muro según desee mayor intimidad o prefiera mantener las vistas. Algunos materiales, como la piedra cuando no se utiliza unida con cemento, sólo deben usarse para realizar muros de 1 m de altura como máximo. Los ladrillos son el material más versátil en la mayoría de las situaciones, y pueden ser de varios colores, desde un amarillo pálido a un terracota. Si es habilidoso, quizá pueda construir el muro sin ayuda, pero si tiene alguna duda de cómo hacerlo o si trabaja con muros de contención de alturas superiores a 1 m, será mejor que contrate los servicios de un arquitecto paisajista o de un ingeniero.

△ EL HORMIGÓN *es la piedra del siglo XXI y puede utilizarse de muchas maneras innovadoras. Su belleza se basa en su dureza y en su cualidad de poder adquirir casi cualquier forma.*

◁ PARA EVITAR QUE LA HUMEDAD *penetre en el muro, aplique sobre él un acabado. El más simple y a menudo el más bonito para un muro de doble grueso de ladrillo es el realizado también con ladrillos. Los acabados de hormigón prefabricado están disponibles en varios diseños, mientras que las tejas (véase fotografía) también pueden ser efectivas.*

△ **EL LADRILLO TIENE UN ASPECTO FRÍO Y ARQUITECTÓNICO** *que puede ayudar a asociar visualmente el muro con el edificio adjunto. En este caso se han empleado para construir los muros de contención de los parterres elevados, así como para realizar los escalones y el margen del césped, lo que proporciona una continuidad general en todo el jardín.*

CÓMO SE CONSTRUYE UN MURO DE LADRILLOS

Los muros pueden construirse con una anchura de uno o dos ladrillos. En el primer caso, la construcción será más rápida y se utilizarán menos piezas, pero no será tan fuerte como si se realizara con doble ancho. No levante nunca un muro de más de 1 m de altura de una sola capa de ladrillos a no ser que incorpore refuerzos cada 1,8 m. Cualquier tipo de muro tendrá que construirse sobre unos cimientos adecuados que han de estar realizados perfectamente a nivel. Su profundidad variará dependiendo del tipo de suelo y de la altura del muro, pero por lo menos debería ser de 25 cm y del doble del grueso del muro una vez que éste esté terminado.

UNIONES DE LADRILLOS

Para levantar un muro de doble grueso de ladrillo lo más resistente posible, disponga los ladrillos de tal manera que se intercalen entre ellos. El entramado flamenco es el más común para los muros de piedra, aunque el entramado inglés y el entramado de muro de jardín son algo más fuertes y más bonitos. Para construir un muro de doble ancho de ladrillo en entramado en marchapié utilice uniones de mariposa galvanizadas para asegurar su resistencia.

Entramado flamenco

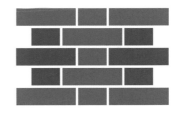

Entramado de muro de jardín

Entramado inglés

Entramado de marchapié

PRECAUCIÓN CON EL MORTERO

Realice un mortero adecuado con una mezcla de cuatro partes de arena y una de cemento a la cual debe añadirse un material plástico. Recuerde que el cemento usado en el mortero es alcalino (calcáreo), por lo que si se dejara en la base del muro construido, hará aumentar el pH del suelo, haciéndolo diferente del resto del jardín y, seguramente, imposibilitando el posterior crecimiento de las plantas. Esto también puede aplicarse al mortero seco que debe extraerse de un muro viejo antes de iniciarse su reparación. Extienda tablas en el suelo para recoger y retirar cualquier gota de mortero que caiga.

Setos como límites y como protagonistas

Los setos suelen ser las formas más económicas para crear límites. Tardan cierto tiempo en establecerse, pero una vez desarrollados tienen un aspecto magnífico. El estilo de seto debería ser el mismo que el del jardín: en un entorno formal, lo más adecuado será un seto de tejo podado con precisión, mientras que en un jardín rural de plantación suave uno menos estricto de Rosa rugosa resultará ideal.

24

¿FORMAL O INFORMAL?

Los setos formales se recortan para producir un contorno frío y regular, convirtiéndose en un elemento arquitectónico inmerso en un entorno geométrico. Para que sean altos se emplean especies como el tejo, el haya o el carpe para cercar el terreno, mientras que los bajos se pueden formar con boj, lavanda y *Lonicera nitida*, que actúan como marcos en patrones geométricos a nivel del suelo.

Los setos informales pueden crecer de forma natural, sin podarlos o como mucho ligeramente dirigidos, para poner de relieve su carácter informal. Muchas especies son candidatas ideales para este tratamiento, aunque ocupan más espacio que los setos recortados. Entre ellos se encuentran *Rosa rugosa*, *R. eglanteria* y muchos rosales arbustivos, junto con una amplia selección de arbustos con flor como el naranjo de México, así como las cincoenramas, las escalonias y el agracejo. En un jardín rural se puede plantar una mezcla de arbustos propios de la zona que incluyen al espino y al viburno, entre otras especies, así como al avellano y al saúco. Estos setos naturales constituirán un hábitat excelente para la fauna y la flora silvestres.

∇ UN SETO «RURAL» *como este límite de espino permitirá el pleno desarrollo de un árbol joven.*

¿PERENNE O CADUCO?

Los setos de especies perennifolias, como el tejo, el acebo, la escalonia y el laurel, no sólo constituyen un excelente límite sino que también son cortavientos muy eficaces. Las hayas, aunque caducifolias, conservan las hojas muertas en las ramas durante el invierno, por lo que también constituyen una buena barrera visual durante todo el año. Aunque los setos de especies caducifolias presentan su mejor aspecto durante el verano, el armazón formado por las ramas sigue dando un cierto nivel de protección y seguridad durante el invierno.

PRESUPUESTOS DE SETOS

El coste de cualquier planta suele estar en concordancia con su tamaño en el

---

RECORTE DE LOS SETOS

❖

Cuando se recorta un seto formal, ha de hacerse en una forma ligeramente acuñada, con el ápice algo más estrecho que la base. Esto asegurará la llegada de luz suficiente a la base y que la densidad del follaje se mantenga hasta el nivel del suelo.

△ LOS SETOS TIENEN *un contorno natural más suave que los muros y pueden podarse formalmente o dejarse crecer de una manera libre. Dependiendo de las plantas utilizadas, pueden recortarse con formas cuadradas, onduladas o formando arcos, como el seto de haya de la fotografía.*

△ ESTE BANCO DE ALIGUSTRE
*muestra que los setos pueden someterse
a una poda rigurosa para adoptar
cualquier forma a la vez que
proporcionan al jardín un toque
de originalidad.*

VELOCIDAD DE CRECIMIENTO

Si se dan las condiciones
de cultivo adecuadas y los
posteriores cuidados correctos,
la mayoría de los setos se
establecen con bastante rapidez,
aunque unos son más rápidos
que otros. Las más rápidas son
las coníferas *Chamaecyparis
lawsoniana* y x *Cupressocyparis
leylandii*, que fácilmente pueden
crecer 30-45 cm en un año.
Estas especies son muy
«golosas», necesitan una gran cantidad de
nutrientes que extraen del suelo y, si se dejan
sin podar, alcanzan una enorme altura con
gran rapidez. El secreto consiste en podarlas
rigurosamente una vez que hayan alcanzado
la altura deseada. Plante estos setos
únicamente si necesita establecer un
límite con rapidez y está preparado
para las consecuencias y el mantenimiento
que ello conlleva. El aligustre es otro caso
especial dentro del mundo de los setos y se
han de aplicar las mismas reglas, por lo que
es mejor utilizarlo con precaución. Entre las
especies de crecimiento algo menos rápido

SETOS ENANOS

❖

Los setos de bajo crecimiento son ideales
para enmarcar parterres a nivel del suelo.
Pueden recortarse a alturas comprendidas
entre los 15 y los 45 cm y pueden ser
perennifolios o de flor. La lavanda
es un buen ejemplo de seto con flores,
y la especie de bajo crecimiento *Berberis
thunbergii* «Atropurpurea Nana» también
resulta un seto muy atractivo. El boj
(*véase* inferior) sirve para setos bajos
clásicos y formales, mientras que
Lonicera nitida puede crear una bordura
de hasta 1 m.

se encuentran el haya, el carpe, la escalonia
y la griselinia, que son una opción excelente
para jardines cercanos al mar. Los setos más
informales, formados por arbustos como
Osmanthus o el viburno, se desarrollan
con una rapidez relativa. El tejo no es
una especie de crecimiento tan lento como
se piensa, aunque no siempre es la mejor
opción para la formación de un seto, ya que
los frutos y las hojas son tóxicos. El secreto
del éxito es una preparación minuciosa del
suelo antes del cultivo: cave una zanja de
unos 30 cm de profundidad, llénela con una
mezcla de buena tierra superficial y materia
orgánica como abono o compost. Esta
técnica de cultivo se puede aplicar a todo
tipo de setos.

momento de plantarla, su velocidad
de crecimiento y su facilidad o
dificultad de cultivo. Las plantas de
crecimiento relativamente lento, como
el boj o el tejo, suelen resultar bastante
caras, pero si se dirige directamente a un
vivero podrá comprar a menudo plantas
de raíces muy menudas que sólo pueden
plantarse durante la época de hivernación.
Y normalmente, al ser pequeñas de tamaño,
son mucho más baratas. Las variedades
crecidas en macetas pueden plantarse en
cualquier época del año, pero entonces su
precio será superior.

Cubrir el máximo de superficie con hierba

La hierba es el elemento más importante en la superficie de un jardín de estilo inglés o rural. Además de agradable a la vista, es resistente, fácil de moldear y relativamente sencilla de mantener. Proporciona un fondo suave para muchas actividades. Su calidad es una cuestión de gusto, desde una superficie verde para jugar a petanca hasta la resistente que permita jugar a la pelota sobre ella.

FORMA Y TAMAÑO

En los jardines donde la mayor parte de la superficie está cubierta de césped, éste será el elemento visual dominante. El césped tendrá un papel importante en el conjunto del diseño y, dependiendo de su forma, tendrá la habilidad de desviar la vista de los límites geométricos, de desarrollarse sobre una superficie con fuertes cambios de nivel o de actuar como un espacio clásico rectangular en un esquema formal. Procure que las formas sean sencillas y, en el caso de utilizar curvas, no recurra nunca a la práctica de arrojar una manguera de riego al suelo y darle patadas alrededor del jardín «hasta conseguir una forma aceptable», y luego recortar la hierba sobrante. Dibuje curvas con el compás cuando prepare el diseño, en las que una se introduzca en la otra, y sea lo más generoso posible. Transfiera el esbozo al jardín usando una estaca para utilizarlo como radio a partir del cual se extenderá la línea con la que se trazará la curva final.

CÉSPED PARA JUGAR

La hierba es una superficie suave por lo que siempre se han creado praderas para jugar, así que asegúrese de que la suya sea lo bastante amplia y de buena calidad para que soporte bien partidos de entreno o de competición. Si el césped es el que puso el constructor seguramente será bastante sólido, con una proporción de hierba de ballico resistente. Si planta césped a partir de semilla en un terreno desnudo, asegúrese de que las semillas utilizadas contengan ballicos.

ASPECTOS PRÁCTICOS

El mantenimiento regular del césped no es un trabajo pesado si se incorpora una serie

△ **NO HAY NADA MEJOR** *que una extensión de césped para atraer la mirada al jardín. Las curvas amplias hacen que cortar el césped resulte más fácil.*

de componentes y factores que faciliten su duración. El primero de ellos consiste en que el césped tenga una forma sencilla que permita cortarlo, sin tener que meterse continuamente en rincones difíciles. Cortar el césped de los bordes a mano puede ser una tarea muy lenta, por lo que es preferible disponer de un borde fácil de cortar (una franja de pavimento situado justo detrás del césped, *véase* recuadro) para que la máquina pueda pasar fácilmente por encima. Esto puede tomar la forma de un camino

liso realizado con losas o ladrillos para evitar que las plantas de los arriates sobresalgan de los mismos al crecer sobre el césped, donde además impedirían su recorte.

Las losas de camino dispuestas sobre una pradera también han de ponerse a nivel del césped, al igual que el margen de una terraza o de un patio. Si la terraza es elevada, interponga una franja de corte entre la pradera y el cambio de nivel para que la máquina de cortar el césped no tenga que introducirse cerca de la superficie elevada.

◁ **LA HIERBA PUEDE CREAR** *una yuxtaposición de lo más interesante con un pavimento de losas, lo que en este caso ayuda a romper la sensación de anchura excesiva del camino.*

▷ **EL SENDERO CURVADO** *de este jardín se ha dispuesto sobre el césped en forma de piedras irregulares para evitar el deterioro de la hierba.*

Pavimentos y patios

Las zonas pavimentadas forman la mayor parte del componente físico del esquema del jardín y se llevan una buena proporción del presupuesto, por lo que su diseño y construcción son cruciales. Al existir cientos de materiales diferentes y de estilos de pavimento para escoger resulta difícil tomar una decisión, pero recuerde que la simplicidad y la conexión visual con el entorno son las claves de un buen diseño. El pavimento es el lugar ideal para realizar un amplio abanico de actividades, tales como comer en el exterior, por lo que debe estar integrado en el jardín y preferiblemente entre plantas.

28

Guijarros de diversos tamaños

JARDINES PAVIMENTADOS

El nombre correcto para designar un jardín pavimentado y con paredes es el patio, aunque actualmente esta palabra se utiliza para describir cualquier zona de superficie dura. Existen algunas situaciones, allí donde el espacio está limitado o donde la hierba es innecesaria, en las que una zona completamente pavimentada, rodeada de plantaciones al nivel del suelo o en parterres elevados o macetas, formará el perfecto patio de jardín. Si añade un elemento de agua bien diseñado, algunas vigas elevadas y una barbacoa de obra, obtendrá una habitación exterior del más elevado nivel.

Este tipo de jardines puede encontrarse a la altura del suelo en una ciudad o en las afueras, o incluso en lo alto de la azotea en los pisos de una gran ciudad, dando lugar a un sensacional espacio lleno de vida en el tejado.

SITUAR UN PATIO

La mayoría de la gente piensa automáticamente en un patio soleado, algo lógico si se encuentra en zonas de clima frío. Sin embargo, la sombra es un elemento esencial en aquellos lugares del mundo donde el sol se eleva alto en el cielo, con las correspondientes subidas de temperatura que ello conlleva. Es importante ser consciente del aspecto del jardín para conocer las zonas soleadas y las umbrías durante el día, y así situar su patio de forma que permita, por ejemplo, captar el sol del atardecer. Considere, asimismo, la necesidad de proteger el patio del viento predominante. Normalmente es mejor escoger una posición que permita un acceso fácil desde la casa, y si es posible junto a ella, pero el patio también puede situarse en una zona alejada y escondida en un rincón del jardín, con lo que se puede disponer de un lugar para sentarse, quizá con la protección de un cenador o una pérgola recubiertos de

◁ **LOS GUIJARROS COLOREADOS** *se pueden disponer en intrincados patrones para añadir interés a una zona pavimentada. Han de ponerse unidos entre ellos para que no queden huecos.*

trepadoras aromáticas, lo que le permitirá evadirse durante un rato de las obligaciones de la casa y de su familia.

MATERIALES DE PAVIMENTACIÓN

Los diferentes materiales proporcionan superficies pavimentadas de varias calidades, por lo que conviene estudiar el abanico de posibilidades que se ofrecen en los centros de jardinería e informarse de sus respectivos costes. Intente siempre enlazar material de pavimentación con los utilizados en la casa u otros lugares del jardín. Mientras que una superficie única puede parecer algo sosa, tres o más distintas darán un aspecto caótico.

Ladrillos

El pavimento de ladrillo está formado por elementos de reducido tamaño y proporciona superficies apacibles en armonía con la casa situada junto a él si se utiliza el mismo tipo y color de ladrillo. Por otra parte, ofrece un contrapunto excelente a otros tipos de superficies, como por ejemplo las de losas de hormigón o de piedra natural, cuando se utiliza en paneles o en red. Para llevar a cabo una superficie interesante, especialmente si son el único material utilizado, los ladrillos pueden disponerse en diferentes patrones entre los que se encuentran el entramado en marchapié (como los ladrillos en una pared), en espina de pescado o entrelazados.

Los ladrillos tienen una duración variable y algunos no resultan adecuados para la pavimentación, por lo que deberá asegurarse de que los escogidos sean lo suficientemente

EL TAMAÑO IDEAL

❖

No hay nada peor que una terraza
o un patio de dimensiones demasiado
reducidas. Como norma general, debería
pensar en construir algo no menor
a una de las habitaciones grandes del
interior la casa. Un tamaño mínimo
de 3,6 x 3,6 m permitirá realizar
comidas con comodidad. Procure que
el diseño sea simple, con un patrón
geométrico cercano al de la casa y menos
rígido, con pocas formas redondeadas.
Un patio construido a partir de series
de rectángulos puede incorporar
arriates elevados, lugares de asiento
y posiblemente tomas de agua y una
barbacoa.

◁ LOS ADOQUINES *tienen una superficie de
textura ligeramente irregular, lo que los hace ideales
para senderos y caminos en los que el agarre es
importante. También forman un excelente bordillo
de contención de grava.*

duros como para aguantar el frío sin
problemas. Actualmente existe una gran
variedad de ladrillos de pavimento de todos
los colores y texturas, capaces de soportar
las peores heladas; para estar seguro de
su calidad, diríjase a un buen comercio
de construcción. Compruebe la dureza de la
superficie de los ladrillos con el proveedor o
arañe ligeramente la superficie con un objeto
duro; si se raya, no los utilice como material
para pavimentar. Los ladrillos prensados,
aunque duros, tampoco son adecuados
para pavimentar, ya que son muy
resbaladizos cuando se mojan.

Piedra

La piedra natural es el material más
caro, pero su aspecto es soberbio
y dura toda la vida. Lo mejor para
una terraza es la losa rectangular
dispuesta al azar, aunque su
instalación requiere la intervención
de un obrero cualificado. Debido
a que este tipo de pavimento a

menudo se recicla de otros suelos extraídos
de fábricas y pavimentos, asegúrese de que
las losas estén lo más limpias posible y sin

impregnaciones de aceite, pues, si no,
podrían resultar resbaladizas cuando el
tiempo sea caluroso. El grosor varía, cosa

*Ladrillos
prensados*

*Losas
de pavimento de
hormigón con
una superficie
irregular*

*Baldosín
trenzado*

*Losas de
pavimento
de hormigón
prefabricadas*

*Loseta de
pavimentación con
dibujo de ladrillo*

*Losa de
pavimentación
de forma
irregular*

que se tendrá que tener en cuenta para determinar la base de los cimientos. Cuando empiece a disponerlas, comience con una pequeña losa y expanda el diseño hacia fuera, dirigiendo las juntas de modo que no queden alineadas más de dos losas. También puede pavimentarse con piedras nuevas, de grueso uniforme, pero su coste suele ser prohibitivo.

Tanto la piedra natural como las baldosas de hormigón están disponibles en forma rota, que sirve para crear un «pavimento informal». Aunque visualmente puede parecer algo caótico y desordenado, resulta difícil de disponer hábilmente y podría no armonizar con las líneas limpias de la casa. Se ve mejor enmarcado con ladrillos pero generalmente es mejor utilizarlo en partes informales del jardín.

Piedra reconstituida y hormigón

El mayor número de variedades de pavimento se encuentra en las losas de hormigón premoldeadas con distintos acabados. Algunos de ellos son sustitutos

---

---

excepcionalmente buenos de la piedra natural, ya que los moldes en los cuales están hechos proceden del material original, completado con marcas de cincel e irregularidades superficiales. Algunas baldosas son muy decorativas, con una superficie lisa y márgenes regulares. Procure que su elección se base en el diseño que predomine en la casa adjunta o en el entorno.

Unas losas regulares y arquitectónicas se verán fuera de lugar frente a una casa de campo; sin embargo, sí serán adecuadas las de piedra natural envejecida de segunda

---

mano o una buena imitación de la piedra natural. El color es una consideración importante: mientras que los tonos grises o piedra pálido son perfectos, las coloraciones más fuertes tienden a ser poco adecuadas. El tamaño también es variable: use unidades de pavimento de un mismo tamaño para formar una trama o varios tamaños al azar para crear un diseño escalonado.

Adoquines y guijarros

Los adoquines, que pueden tener una forma de ladrillo (bloques enteros) o una forma cúbica (medios bloques), se utilizaban originariamente para pavimentar las calles y formar una superficie ligeramente irregular, lo que las hacía ideales para pasear o como ribete alrededor de los árboles o de otros elementos, pero no adecuados para terrazas donde se dispongan mesas y sillas. Es un material caro, pero extremadamente duradero, y han de disponerse de forma profesional sobre una superficie dura bien consolidada o sobre una capa de mortero.

Los guijarros son piedras erosionadas por el agua, de forma ovalada y con un amplio abanico de tamaños. Como los adoquines, pueden disponerse formando preciosos patrones, tanto en zonas grandes para hacer paseos como en otras más íntimas. Hay modelos con los que se pueden crear dibujos en el suelo con guijarros de diferentes colores, con la única limitación de su propia imaginación. Los guijarros deben disponerse unidos sobre una capa de mortero bien consolidada.

Tarimas

Las superficies elevadas de madera alcanzan cada vez mayor popularidad como material para cubrir el suelo, pues son ligeras, cálidas, filtran el agua fácilmente y ocultan superficies. Son especialmente adecuadas para los jardines de azotea, donde el peso adquiere una gran importancia, y pueden ser suspendidas con bordillos desde la mayor parte o la totalidad de la zona. Es importante asegurar una buena ventilación

◁ UNA CUBIERTA DE MADERA CONSTITUYE *una superficie magníficamente versátil. Se puede construir rápidamente y encaja con facilidad en una amplia gama de situaciones.*

◁ **LAS BALDOSAS SE HAN UTILIZADO** *para crear un fondo de suelo imaginativo en esta azotea. Las líneas diagonales contrastan con la forma cuadrada de la superficie.*

los ladrillos sobre un mortero húmedo y posteriormente rellene cuidadosamente las juntas con mortero teniendo mucho cuidado de no manchar la superficie.

Colocar un pavimento de bloques de hormigón

Los bloques de hormigón tienen el mismo tamaño que los ladrillos, pero están realizados en ese material. Están disponibles en un amplio abanico de colores y son ideales para pavimentar caminos y otras superficies de uso constante; toda la zona ha de estar contenida por un borde fijo, preferiblemente de bloques colocados sobre hormigón. Una base dura bien consolidada es esencial y los bloques se disponen sobre arena antes de ser vibrados a la posición con una placa al efecto. Después, se extiende más arena sobre la superficie y se vibra de nuevo la zona.

por debajo de la madera para evitar que ésta se pudra. La construcción básica es muy similar a la de un suelo del interior de la casa, los bordes van atornillados a vigas, que a su vez están agarrados a postes con hormigón. Utilice madera blanda inyectada a presión o madera dura reciclada. La anchura de las tablas puede variar para realizar un diseño interesante y es posible utilizar tintes de una amplia gama de colores para armonizar la tarima con la combinación del exterior de la vivienda o del interior de la misma.

Las tarimas son una solución útil en lugares con desnivel, donde pueden construirse a diferentes niveles, conectarse entre ellas mediante escalones y enmarcarse con enrejados de madera o asientos adosados.

COLOCAR EL PAVIMENTO

La preparación de la parte oculta es muy importante para asegurar al pavimento una vida larga y duradera; el dispuesto sobre cimientos pobres o con una superficie irregular se deteriorará rápidamente y puede llegar a ser inseguro. Cualquier superficie pavimentada debe finalizar por debajo de la línea antihumedad de la casa para evitar que la humedad penetre por la pared y llegue al interior. También debe darse al pavimento una ligera inclinación de no menos de 1:100

para lograr que el agua se dirija al exterior de la vivienda.

La profundidad de los cimientos del pavimento variará dependiendo del tipo de suelo. En primer lugar debe extraerse la capa superior del suelo ya que es orgánica y podría acabar pudriéndose con el tiempo, lo que provocaría su hundimiento. Teniendo en cuenta que el nivel final del pavimento debe estar a 15 cm por debajo de la línea antihumedad, excave para permitir una capa bien compactada de piedra dura o prensada de 10 cm de grosor, cubierta con una capa de arena gruesa y pequeñas piedras, de manera que todos los huecos de la superficie dura queden rellenos.

Colocar un pavimento de ladrillo

Los ladrillos especiales para pavimentar presentan el grosor de una losa de pavimento, pero si utiliza ladrillos convencionales de construcción para una superficie pavimentada no se olvide de ajustar el nivel de los cimientos de forma adecuada. Disponga ladrillos en un lecho de mortero semiseco de 5 cm, consistente en cuatro partes de arena por una de cemento. Una vez los ladrillos se encuentren en posición, añada mortero seco a las juntas y déjelo fraguar con la ayuda del agua absorbida del suelo por la acción de la capilaridad. Como alternativa, disponga

---

DISPONER BALDOSAS DE PAVIMENTO

◆

Prepare unos cimientos adecuados y disponga cada pavimento con cinco puntos de mortero, uno en cada extremo y otro en el centro. Después, colóquelos con cuidado para conseguir el nivel correcto. Las baldosas pueden ponerse unidas unas a las otras o dejarse juntas utilizando espaciadores de madera que se extraen antes de la fijación.

Diseñar senderos

Mientras que un patio o una terraza son elementos estáticos, los senderos proporcionan movimiento y permiten el acceso a los distintos rincones del jardín a través de la ruta más interesante. Además definen y a menudo separan las zonas principales, como la de césped, la de cultivo y la reservada para los utensilios. No solamente son prácticos, sino que los senderos son uno de los elementos más importantes del diseño de jardines, por lo que su emplazamiento ha de pensarse con cuidado para que armonice con el conjunto.

32

Gravilla

Grava de piedra ornamental

EL PAPEL DE LOS SENDEROS

Aunque la principal función de un sendero es conducir a alguien de un punto A a uno B, también debe integrarse al jardín y no necesariamente tomar la ruta más directa. Al trabajar en un diseño, los profesionales se refieren a las «líneas deseadas», que son la ruta más lógica y, generalmente, la más corta entre dos puntos del jardín.

Cuando realice el plano del jardín, tenga en cuenta dónde se encuentran los distintos elementos y únalos mediante senderos que abarquen una ruta placentera y práctica a través del jardín. Un huerto o zona de cultivo de hortalizas necesitará un acceso en buenas condiciones en cualquier época del año desde la cocina, mejor que un recorrido a través de la hierba empapada durante los meses de invierno. Del mismo modo, para alcanzar un cobertizo situado en diagonal en el otro lado de una pradera desde la puerta trasera, lo mejor es colocar una hilera de losas de piedra en el césped. Por otro lado, para llegar hasta una valla o una entrada debería haber un sendero lo suficientemente ancho para permitir el paso de dos personas a la vez. El ancho de un sendero es importante. Mientras que un paso de losas de piedra

puede realizarse disponiendo éstas en una línea simple, una ruta por la que circularán regularmente carretillas y juguetes con ruedas debería tener una anchura aproximada de 90 cm.

Además de cumplir un papel práctico, los senderos también tienen que presentar una continuidad visual con el resto del jardín. Intente emplear ladrillos o losas de pavimentación parecidos a los utilizados para construir el patio o la terraza.

△ **LOS LADRILLOS SON UN MATERIAL IDEAL** *para colocar senderos en un jardín tradicional. Bordeado con Sedum spectabile, este sendero en espina se ha suavizado, lo que permite que el musgo crezca entre los ladrillos.*

▷ **RECUERDE QUE** *los senderos y los pavimentos deberían formar un fondo simple y no desmerecer las plantas u otros elementos que puedan encontrarse a los lados.*

◁ **LA GRAVILLA OFRECE** *una limpia y práctica superficie de bajo coste, ideal para paseos y caminos en terrenos de un solo nivel. Como es un material móvil, requiere un reborde, en este caso de ladrillos, para retenerlo.*

pavimentación rectangulares. Sin embargo, las superficies de grava, pequeños guijarros, corteza o asfalto son fluidas y resultan más fáciles de colocar en curvas amplias y con formas irregulares. Las losas, los ladrillos y los bloques de hormigón deben disponerse del mismo modo que en una terraza, sobre una base dura bien consolidada.

Hormigón

El hormigón o cemento es la piedra del siglo XXI, gracias a su elegancia y duración. Puede disponerse sobre una base dura y acabarse de muchas maneras, entre ellas el alisado con paleta, el apisonado para dar un efecto de canalé, el «plantado» con grava cuando aún está húmedo o el barrido con una escoba dura o blanda para producir distintos acabados.

Grava

La grava es un material barato que da excelentes resultados tanto para establecer un camino informal como para crear una superficie de circulación sobre una zona de mayor tamaño. Según la región, puede variar en color y en textura. La colocación correcta de la grava es crucial, y es de suma importancia realizar una compactación a conciencia durante cada una de las fases. Requiere como base una superficie dura y bien consolidada de al menos 10 cm de grosor, recubierta por una capa de 5 cm de grava gruesa, de nuevo bien compactada. Para acabar, sobre ella se dispone una capa de 2,5 cm de grava fina mezclada con un conglomerante arcilloso, que normalmente proviene de la misma explotación de grava. Disponga una capa final de guijarros limpios sobre el conglomerante arcilloso para acabar el trabajo de una forma pulida. Los caminos de grava deberían tener un peralte para poder expulsar con facilidad el agua, y todas las superficies de grava necesitan «bordillos de contención», que pueden ser ladrillos dispuestos sobre hormigón o tablas firmemente fijadas al suelo para evitar que la grava se disperse por todas partes.

PIEDRAS DE PASO

❖

Cuando a través de una pradera se disponen piedras de paso, han de colocarse en el césped y caminar sobre ellas para encontrar la separación adecuada. Deje las losas en posición, corte a su alrededor con una pala afilada, extraiga el césped y coloque las losas en cemento líquido para que el nivel final quede justo a la misma altura que la pradera.

Las ruedas de tronco de 15 cm de grosor pueden formar un sendero informal excelente a través de la vegetación. En una zona umbría, una tela metálica de gallinero grapada en su superficie les añadirá sujeción.

▷ **ESTE SENDERO** *que atraviesa una superficie de césped está construido con adoquines grandes que han sido dispuestos sobre el terreno justo por debajo del nivel de la hierba para que la cortadora de césped pueda pasar por encima sin dificultades.*

FORMAS Y MATERIALES

Mientras que un sendero recto resulta ideal en un diseño de jardín formal, lo cierto es que fomenta un movimiento más rápido que una ruta suavemente ondulante que desaparezca ante la vista para dar cierta sensación de misterio. Los materiales elegidos y la manera de disponerlos también ejercerán un impacto visual. Las losas o los ladrillos dispuestos mediante uniones escalonadas en el recorrido de un sendero tienden a hacer que la visión se dirija hacia el final, inspirando movimiento, mientras que los mismos materiales dispuestos a lo largo de todo el sendero darán la impresión de una mayor lentitud.

Las losas y los ladrillos son materiales modulares, por lo que presentan un tamaño fijo y se prestan a patrones de

Cambios de nivel

Los jardines en desnivel pueden ofrecer un mayor interés que aquellos situados sobre una parcela plana, ya que las zonas creadas a diferentes niveles pueden convertirse en espacios individuales con un estilo propio. Tales espacios necesitan unirse con el resto del jardín de algún modo, ya sea mediante la inclusión de escalones o a través de una rampa, y ambas opciones pueden llegar a ser elementos importantes del jardín por sí mismos.

34

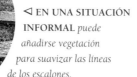

INTEGRAR LAS ESCALERAS EN EL JARDÍN

El diseño de las escaleras siempre debería seguir el estilo de los alrededores inmediatos. Para hacer una escalera que conduzca desde una terraza a otro nivel, utilice el mismo tipo material del que esté construida la terraza. Si el cambio de nivel se encuentra algo alejado de la casa, en una parte informal del jardín, las escaleras pueden construirse con troncos, traviesas férreas o piedra natural. Como norma general, suele dar buen resultado mantener un tratamiento más «arquitectónico» cerca de la vivienda y uno más informal lejos de ella. Un cambio de nivel también ofrece la oportunidad de incorporar nuevas características, como el afloramiento de una roca o una serie de estanques que caigan con el desnivel junto a unos a escalones. Las escaleras no necesariamente

tienen que ocupar una única parte del jardín; si las hace suficientemente largas, con grandes círculos o hexágonos solapados, por ejemplo, aparecerán ante la vista como una serie de terrazas y podrán ocupar la totalidad del terreno en pendiente. Si construye el margen o la línea limítrofe con ladrillos o piedra, los «peldaños» que formen las zonas básicas del jardín pueden pavimentarse de varias maneras o cubrirse con grava, hierba o incluso con plantas.

ASPECTOS PRÁCTICOS

Los escalones han de ser tan anchos y generosos como sea posible, ya que no hay nada peor ni más peligroso que un tramo de peldaños altos y estrechos. Es importante conseguir unas buenas proporciones, tanto para el impacto visual

◁ EN UNA SITUACIÓN INFORMAL *puede añadirse vegetación para suavizar las líneas de los escalones.*

como para la comodidad: cada escalón debería tener una altura de 15 cm y una profundidad de 45 cm.

No hay reglas estrictas sobre la anchura, pero un tramo amplio da la impresión de ser menos cansado y será más fácil de superar que uno estrecho. En un tramo largo de escalera puede incorporar un rellano cada 10 o 15 escalones, lo que proporcionará una plataforma para poner un grupo de macetas u otros ornamentos del jardín. Recuerde que la escalera no necesariamente tiene que ir en ángulo recto con el desnivel, sino que puede cambiar de dirección tomando un curso zigzagueante cuando la pendiente sea muy pronunciada.

La construcción de escalones en un terreno en pendiente de poco desnivel puede llevarla a cabo usted mismo; si utiliza troncos o traviesas férreas, éstas deben clavarse directamente en el terreno. Sin embargo, los cambios de nivel pronunciados y las estructuras complejas de escaleras las deberá diseñar y construir un profesional. Ante cualquier duda, acuda siempre a uno.

Las escaleras pueden crearse con cualquier material duro; si utiliza piedra o losas de hormigón para los peldaños, déjelos sobresalir unos 5 cm para crear una discreta línea de sombra que suavizará visualmente el tramo. Para dar énfasis a un cambio de nivel desde una terraza a una escalera, disponga una hilera de ladrillos u otro material de contraste alineada con el

◁ EL ENLADRILLADO PROPORCIONA *continuidad (véase izquierda) entre los parterres elevados y el amplio tramo de escaleras.*

UN ESQUEMA DE PINTURA *con algunos detalles fríos (véase centro) hacen combinar estas escaleras de madera con las cubiertas del suelo y los balaustres de este jardín contemporáneo a dos niveles.*

SEGURIDAD
DE LAS ESCALERAS

❖

Tanto las escaleras como las rampas han
de alumbrarse durante la noche por
seguridad. La mejor solución consiste
en instalar una fuerte iluminación en las
paredes de los flancos o en los escalones.
En el caso de que haya un desnivel
empinado o de que personas de edad
avanzada hayan de utilizar el jardín,
es buena idea incorporar también
una baranda, pero asegúrese de que
sea sólida.

△ **EL REBORDE DE MADERA** *integra a la
perfección estos escalones de ladrillo con los parterres
elevados incorporados, en los que la vegetación cae
en cascada de un nivel a otro.*

margen de la zona pavimentada. Esto da
una indicación de la posición del primer
escalón a las personas no familiarizadas
con el jardín.

CONSTRUIR UNA RAMPA
Si se utilizan escalones para unir los cambios
de nivel del jardín, será prácticamente
imposible mover segadoras, carretillas, sillas
de ruedas o juguetes con ruedas de un lugar
a otro. Para dar un acceso fácil a vehículos
de ruedas y a personas de avanzada edad
o minusválidos es mejor incorporar
una rampa o una serie de pendientes.
Asegúrese de tener suficiente espacio:
un gradiente de 1:25 o 1:50 hace que una

rampa ocupe dos o tres veces la longitud de
un tramo de escaleras.

PARTERRES ELEVADOS
Un parterre elevado puede ser un elemento
individual en una zona pavimentada
u otra superficie del jardín, o bien formar
parte de un tramo de escaleras o de un
cambio de nivel. Si además ayuda a retener
una pendiente, debería construirse
teniéndolo en cuenta, incorporando un
drenaje adecuado a intervalos regulares.
Ya que los muros de los parterres elevados
tienen que aguantar una cierta presión,
es adecuado contar con la ayuda de un
profesional para construir cualquier muro
de altura superior a los 60 cm.
   Los parterres elevados independientes
pueden ser rectangulares o curvados;
diséñelos siempre para que armonicen con
los alrededores o de acuerdo con el patrón
de pavimentación. Las paredes pueden

construirse virtualmente de cualquier
material, incluyendo la madera o las
traviesas férreas. Su construcción es
similar a la de los muros limítrofes,
con cimientos de hormigón adecuados y
rematados con un acabado. Una altura de
45 cm permitirá que el muro del parterre
elevado pueda utilizarse también como
asiento.
   Reviente el fondo del parterre elevado y
llénelo con una capa de aproximadamente
15 cm de base dura limpia. Después tape
ésta con una membrana geotextil (disponible
en el centro de jardinería) y rellene el
parterre con tierra superficial limpia.

△ **LAS TRAVIESAS FÉRREAS** *permiten construir
escalones de poca altura, ideales para la parte más
informal del jardín. Las macetas colocadas a un lado
enfatizan el ritmo del tramo de escaleras.*

Arcos, cenadores y pérgolas

Los arcos y las pérgolas aportan una dimensión vertical al jardín y, a menudo, actúan como un punto focal de primer orden. Además de atraer la vista, pueden proporcionar sombra o actuar de barrera visual para ocultar un paisaje de escaso interés; también actúan como apoyo para que crezcan sobre ellos plantas trepadoras.

EL PAPEL DE LOS ELEMENTOS VERTICALES

Tanto los arcos como las pérgolas aportan sensación de movimiento al jardín. Por lo general, los arcos se sitúan sobre una verja o una entrada, de modo que sirvan de punto de entrada al jardín o de paso de una a otra zona del mismo, o bien pueden situarse como puntos focales, flanqueados por celosías, vegetación o arriates que separen zonas diferentes del jardín. Las pérgolas se componen de una serie de arcos unidos entre sí para formar una única estructura, y proporcionan un elemento de unión que le conducirá desde un punto a otro del jardín. A menudo se extienden sobre un camino pavimentado, aunque la superficie del terreno también puede ser de hierba. Los arcos producen una sensación de tensión a medida que uno se acerca a ellos, asociada a un elemento de misterio provocado por el deseo de averiguar qué hay detrás.

Las pérgolas, aunque también causan tensión, conducen por el interior de túneles verdes, repletos de flores y follaje, pintados con la luz solar que los atraviesa, que permiten tentadoras vistas a ambos lados del jardín enmarcadas por los postes verticales. Parte de la función esencial de una pérgola es llevar al visitante hacia algún lugar positivo, que puede ser otra parte del jardín, un punto focal bien situado o un asiento; nunca debe conducir, por ejemplo, a un incinerador o a una pila de compost.

Por el contrario, un cenador es un elemento estático. Se trata de una estructura abierta por los lados, normalmente situada en una parte informal del jardín, que también puede estar recubierta de plantas trepadoras, preferiblemente aromáticas.

Otro elemento, que algunas veces recibe el nombre erróneo de pérgola, consiste en un armazón de vigas elevadas por encima de la cabeza construido desde la vivienda o desde un muro. Normalmente se dispone sobre un patio, donde producirá una suave sombra cuando se cubra de plantas trepadoras y además resultará útil para ocultar la vista a los vecinos.

UN DISEÑO ARMÓNICO

El diseño de los arcos, pérgolas y cenadores debería combinar con el conjunto del estilo del jardín y su situación en él. Cerca de la casa este diseño ha de ser fríamente arquitectónico y construirse con arcos metálicos o de madera aplanados. En una parte más distante del jardín se puede elegir un estilo más informal utilizando pilas de ladrillos viejos y vigas cruzadas de madera sólida. Es importante que estos elementos se diseñen de forma simple, con proporciones lo más llamativas y generosas posible y sujetos de una forma segura. Las estructuras delgadas de metal o madera se deteriorarán rápidamente

△ UN ARCO DE TECHO CUADRADO

proporciona un soporte para el rosal «Albertine». La madera es fácil de trabajar y resulta muy versátil, por lo que es ideal para proyectos que pueda realizar uno mismo.

△ LOS ARCOS Y LAS ENTRADAS

proporcionan tensión, misterio y sorpresa al jardín. Este arco de ladrillos está cubierto por madreselvas para atraer al visitante con su fragancia.

△ UNA PÉRGOLA *siempre ha de conducir a un punto positivo, como los arcos de este túnel de madera teñida conducen la vista hacia la bonita urna del fondo. Los rosales y la glicina (Wisteria) proporcionan una encantadora combinación de plantas guiadas hacia arriba por los lados y sobre la parte superior del arco, y proyectan una sombra jaspeada en su interior.*

ELECCIÓN DE PLANTAS TREPADORAS

Las plantas trepadoras dispuestas sobre estructuras individuales a menudo crecen mejor que si se plantan contra una pared o una valla, ya que reciben una gran cantidad de luz y humedad. Si un arco o una pérgola presentan un tamaño considerable, cualquier planta trepadora será adecuada, pero si el hueco es estrecho debería evitar los rosales con espinas afiladas u otras plantas arbustivas. La elección de una única especie puede resultar muy elegante, pero una combinación de varias de ellas ampliará la época de floración y dará lugar a una atractiva mezcla. Puede plantar lluvia de oro apoyada sobre la estructura, junto con glicina, *Vitis coignetiae*, de grandes hojas, o *Clematis tangutica*, de floración tardía. Si desea plantas olorosas, escoja el jazmín de verano, la madreselva o los rosales aromáticos.

y darán un aspecto muy poco atractivo al jardín. Todos estos elementos verticales son proyectos fácilmente realizables sin ayuda: para inspirarse puede fijarse en diseños tradicionales de jardines antiguos.

Si decide comprar estas estructuras ya preparadas, móntelas encajando los componentes entre sí y fijándolos en estacas metálicas clavadas en el suelo o en estacas de hormigón. Los postes de madera generalmente han sido inyectados a presión para evitar su deterioro, pero vale la pena aplicar un producto no tóxico para su conservación cada dos o tres años; tenga en cuenta que las plantas trepadoras deberán separarse para realizar este tratamiento. Los arcos de metal suelen estar revestidos de plástico, por lo que requieren un bajo mantenimiento. Puede pintar o teñir la pérgola o el arco para unificar la gama de colores con los del resto del jardín. Existe multitud de colores de pinturas y tintes de exterior; unas pinceladas de color azul o verde combinan con el jardín, pero el uso de los colores primarios llamativos dará un impacto más atrevido.

▷ LA SOMBRA ES IMPORTANTE *en cualquier jardín. Aquí, la cobertura que proporciona la parra que crece sobre las vigas elevadas por encima de la cabeza, construidas a partir de una valla de limitación y sujetas por postes de madera, forma una zona de asiento resguardada.*

Barreras visuales en el jardín

Un jardín dividido en zonas separadas, cada una con un estilo propio, siempre será más interesante que un espacio que pueda abarcarse con una simple mirada. La manera en que usted divida su jardín depende de su tamaño y forma, así como del presupuesto de que disponga. Las divisiones sólidas pueden crearse con un muro o una valla, o de una forma más sencilla, mediante pantallas de celosías o un número limitado de arbustos bien escogidos. Una manipulación adecuada del espacio le permitirá crear elementos de sorpresa y misterio.

38

ESTANCIAS EXTERIORES

Si su jardín ya estaba establecido antes de su llegada a la casa, probablemente las divisiones internas ya estén realizadas, pero éstas pueden reforzarse para romper la visión de una zona a otra. Un «ala» de vegetación existente en un lado del terreno puede reforzarse con un nuevo parterre al otro lado para lograr un efecto equilibrado y formal, o compensarse para dar una sensación de informalidad. Por otro lado, los setos aportan un estilo mucho más arquitectónico y se pueden podar tanto para formar un perfil rectangular simple o con los extremos curvados. Si el seto se sitúa en un parterre, deje espacio suficiente para el recorte construyendo un sendero con losas o piedras a ambos lados.

▽ **LOS SETOS** *son una barrera visual muy versátil y la mayoría de las especies se desarrollan rápidamente en suelos bien acondicionados. Este seto de hojas púrpuras de Prunus encierra una zona íntima del jardín.*

La barrera divisoria preferida es la celosía, pero en lugar de comprar paneles estándar en un centro de jardinería, ¿por qué no construir unos originales, inspirándose en pantallas creadas por diseñadores de interior? Verá innumerables variantes de celosías en restaurantes y otros lugares públicos, con diferentes patrones, anchuras de madera y colores, pero todos ellos pueden adaptarse para el uso en el exterior. Al final de un tendido de celosía puede colocar un obelisco de madera que le proporcionará un acabado especial.

Los listones delgados verticales, situados entre raíles horizontales en la parte superior e inferior, formarán una delicada pantalla de madera, al igual que las cañas de bambú, quizá con la parte superior a alturas ligeramente diferentes para componer un diseño de mayor originalidad.

PANTALLAS SÓLIDAS

Los muros son la opción más cara y forman una barrera visual opaca; puesto que serán para siempre, utilice materiales de construcción que armonicen con la casa y con otros elementos. Un muro sólido puede crear una buena barrera contra las turbulencias que se producen en el lado de sotavento, aunque una pantalla perforada o con huecos formará una mejor barrera contra el viento, ya que filtrará el fluir del aire en lugar de bloquearlo. Una pantalla

△ **LA BARRERAS VISUALES** *no son necesariamente caras, y con un poco de imaginación se pueden hacer maravillas. Esta sencilla persiana de bambú proporciona intimidad ocultando la casa y el jardín de detrás.*

OPCIONES ECONÓMICAS

❖

La barrera visual más barata es la creada con unas cuantas plantas bien escogidas para que, simplemente, rompan la línea visual. Si un camino gira tras esa «pantalla» proporcionará una sensación de movimiento y cierta expectación sobre lo que pueda ocultarse detrás. También puede realizarse una elegante y atractiva pantalla construyendo un armazón de madera con la parte superior e inferior de raíles con una altura entre ellos de 1,8 m, y extendiendo alambre verticalmente entre ellos. Los hilos metálicos actuarán como un apoyo para plantas trepadoras, con lo que la vegetación suavizará la pantalla.

△ **FUERA DE LA VISTA...** *Un arbusto bien situado proporciona una barrera visual sencilla pero efectiva a este cajón de compost.*

▷ **LAS CELOSÍAS ESTÁN DISPONIBLES** *en un amplio surtido de diseños. En este jardín las sólidas celosías con remates elaborados forman un atractivo elemento a la vez que constituyen un apoyo ideal para las plantas trepadoras. Diseñe y realice sus propios paneles si desea una solución más económica y original.*

de este tipo es el muro de ladrillos en «redecilla», en el que se dejan huecos entre cada uno de los ladrillos de modo que pueda verse lo que hay al otro lado del muro.

39

la vivienda (pero no en la sombra). Las plantas pueden y deben introducirse tanto en el interior del agua como en los bordes, y el estanque también puede incluir una zona cenagosa que, a su vez, conduzca a una zona más seca con matorrales. De esta forma, ofrecerá una amplia variedad de hábitats para la fauna silvestre, en especial si además puede incluir un montón de troncos, un lecho de hojas y un seto cercano. La belleza siempre se halla en el ojo de quien la mira, por lo que deberá tener en cuenta que una zona de este estilo ha de ser verdaderamente informal y no debe limpiarse demasiado a menudo, o los ecosistemas sensibles podrían resultar dañados.

JARDINES CENAGOSOS

Existen multitud de plantas que crecen de forma natural en superficies cenagosas o pantanosas situadas en los alrededores de los estanques. Muchas de ellas presentan un follaje muy atractivo y flores llamativas. En un estanque artificial puede crear una zona de estas características dejando que el agua se deslice por encima del borde de una charca construida a partir de un forro y caiga a otra zona revestida que se encuentre llena de tierra. El revestimiento debe estar perforado para evitar que el jardín se inunde.

AGUA EN MOVIMIENTO

Mientras que una superficie de agua quieta formará maravillosos reflejos, el movimiento, por su parte, proporcionará una nueva dimensión al jardín. Además, el agua en movimiento aporta un cierto grado de aireación muy beneficioso para los peces, en especial durante los calurosos días de verano. Existen numerosas maneras de dotar al agua de movimiento, desde un simple surtidor situado en el centro de un pequeño estanque, a las más elaboradas fuentes, cascadas y planos inclinados, aunque lo mejor es apostar por la sencillez.

Las fórmulas para introducir agua corriente van desde los informales arroyos naturales y cascadas hasta los surtidores y fuentes de carácter formal. Sitúelos de forma apropiada en el conjunto del diseño del jardín. Existe un amplio surtido de bombas sumergibles completamente seguras, desde las que sirven para formar grandes cascadas hasta el surtidor más pequeño.

Muy duraderas, las bombas pueden comprarse en centros de jardinería o en un vivero especializado en jardinería acuática. En estos lugares, además, le aconsejarán sobre el tamaño correcto de la bomba para cada elemento de agua.

PEQUEÑOS ELEMENTOS DE AGUA

Incluso el patio o la terraza más pequeños pueden incorporar un elemento acuático, como una piedra de molino con agua fluyendo por su superficie o la clásica máscara que vierte agua a un abrevadero situado por debajo. La mayoría de estos elementos se sitúan sobre un sumidero oculto, donde una pequeña bomba sumergible hace circular el agua a través del sistema. La ventaja de las ruedas de molino y otros elementos en que el agua cae en cascada desde un recipiente a un lecho de piedras o guijarros es que son bastante más seguros para los niños pequeños que una extensión de agua abierta. Muchos de estos elementos pueden comprarse, pero con un poco

◁ EN UN JARDÍN CON DESNIVEL *las posibilidades de crear arroyos, cascadas y estanques son infinitas. Las hermosas y los sauces se encuentran entre las muchas plantas que prosperarán en suelos húmedos.*

44

△ NO HAY NECESIDAD DE NINGUNA
FUENTE *para crear interés en un jardín pequeño:
una simple máscara y un pitorro vertiendo
agua sobre un tanque de piedra rebosante
son suficientes para dotar al jardín de las cualidades
de calma y belleza del agua.*

de imaginación y habilidad práctica puede
construirlos usted mismo a su gusto.

CUESTIONES PRÁCTICAS

El éxito de un estanque consiste en obtener
el equilibrio correcto de vida en él, lo cual
incluye tanto las plantas como los peces
y los miles de pequeñas criaturas que se
sentirán atraídos por el estanque. Esto
significa que la charca debe ser lo más
grande posible, pues sería difícil conseguir
un ecosistema equilibrado en un estanque
con menos de 1,8 m². La profundidad es
otro factor importante a tener en cuenta,
así como la forma de la parte sumergida,
conocida como «perfil». Aunque un
estanque de jardín no necesita tener una
profundidad superior a 45 cm, sí debería
incluir una plataforma menos honda
que se extienda alrededor del estanque
aproximadamente unas dos terceras partes
de su superficie, lo que le permitirá cultivar
plantas acuáticas que viven bien con la base
sumergida. La plataforma podría tener

unos 22 cm de profundidad; si se construye
en dos secciones, las «bahías» resultantes
formarán lugares ideales para la
reproducción de los peces.

La charca o estanque debe estar situado en
una zona abierta, lejos de lugares sombríos
rodeados de grandes árboles. Ni los peces ni
las plantas acuáticas prosperarán en un lugar
en sombra y los peces pueden resultar
dañados por las hojas muertas que caigan
al agua y por el crecimiento de las raíces.

OPCIONES DE CONSTRUCCIÓN

En los últimos años, la utilización de
plásticos y de fibra de vidrio ha permitido
que la construcción de un estanque se
convierta en una tarea fácil, que puede llevar
a cabo cualquier persona. Sin embargo,
hay que elegir entre un estanque rígido
prefabricado y uno realizado con algún tipo
de «forro». Los estanques prefabricados
son fáciles de instalar, pero sólo pueden
comprarse en un número determinado
de tamaños, y la mayoría son de reducidas
dimensiones. Lo único que hay que hacer
es disponerlos en el suelo tras excavar
éste de una forma adecuada; asegúrese
siempre de que el borde se encuentre a nivel
del suelo utilizando una barra recta larga
y un nivel.

Los estanques más grandes pueden
construirse con un forro resistente de PVC
laminado o goma butílica. Los forros pueden
comprarse en cualquier buen centro de
jardinería, y vienen con todas las
instrucciones necesarias para su instalación.
Debido a que pueden perforarse con
facilidad con una piedra afilada, han de
disponerse sobre una capa de arena de 5 cm
de grosor. El «perfil» de la excavación del
estanque debe incluir plataformas en los
márgenes y el forro puede continuarse para
formar una zona cenagosa alrededor del
perímetro.

Los juegos de agua que incluyen
riachuelos y cambios de nivel son bastante
más difíciles de construir por uno mismo,
por lo que se necesita la ayuda de un
profesional con la experiencia y las
herramientas necesarias. Tales elementos
suelen utilizar bombas sumergibles y
seguramente necesitarán un equipo de
filtración.

SEGURIDAD EN EL AGUA

- Una extensión de agua abierta es
  peligrosa para los niños pequeños:
  téngalo siempre en cuenta en el momento
  de escoger y situar cualquier elemento
  acuático.

- La electricidad es potencialmente letal,
  sobre todo en contacto con el agua,
  y aunque la mayoría de los equipos
  de componentes acuáticos son fáciles de
  instalar y utilizar, siga al pie de la letra
  las instrucciones y las normas de
  seguridad.

- Todas las bombas se encuentran
  completamente selladas y muchas
  de ellas funcionan con una fuente de
  energía de 12 voltios a través de un
  transformador de seguridad, que se
  desconectará automáticamente si el
  sistema presenta cualquier fallo.

- Existe un amplio surtido de componentes
  eléctricos y de luces de exterior
  diseñados para un uso seguro en el jardín.

- Ante cualquier duda sobre la electricidad
  en el jardín, solicite la ayuda a un
  profesional electricista.

45

△ SI TIENE *niños pequeños y no desea una
extensión de agua abierta en el jardín, construya un
elemento seguro que haga recircular el agua desde
un sumidero oculto a través de un tiesto u otro
elemento similar.*

Edificaciones de jardín

Su jardín ha de ser un espacio práctico y decorativo, capaz de asumir una amplia variedad de actividades y de funciones de almacenaje. Es inevitable construir un cobertizo para guardar utensilios, por ejemplo, pero con un poco de imaginación éste puede decorarse, camuflarse u ocultarse, o bien construirse a partir de cero para integrarlo como un elemento más del diseño del jardín.

46

△ CON UNA ORGANIZACIÓN CUIDADOSA *puede cultivar una cantidad sorprendente de plantas en un pequeño invernadero.*

COBERTIZOS

Con la disminución general del tamaño de las casas y el aumento del número de coches en la calle, por lo general existe una necesidad real de crear un espacio de almacenamiento en el jardín. Al final, éste no sólo es necesario para guardar las herramientas y los equipos de jardinería, sino también para las bicicletas y los juguetes de los niños y los muebles de exterior. La solución suele ser un cobertizo de buenas dimensiones, ya que es aconsejable comprar uno grande mejor que uno pequeño para las necesidades más inmediatas. La durabilidad también es importante: asegúrese de que la estructura esté realizada con madera de buena calidad y que sea robusta. Después, tendrá la opción de ocultar el cobertizo de la vista o bien decorarlo para que resulte más atractivo. Como alternativa, puede construir su propio cobertizo y adaptarlo con exactitud a sus necesidades, levantándolo de forma aislada o unido a algún muro. Para prevenir el deterioro causado por el tiempo, sitúelo sobre una base firme y seca que puede ser de hormigón, pavimento o grava. Ya que el tejado tendrá el potencial de recoger el agua, instale siempre un canalón y conecte esta vía a una cañería que conduzca el agua hasta un desagüe.

INVERNADEROS

Asegúrese de que el invernadero, al igual que el cobertizo, sea suficientemente grande para sus necesidades. Muchas personas que empiezan con un pequeño invernadero de vidrio rápidamente adquieren la afición de adquirir plantas exóticas o de cultivar plantas a partir de semillas, y desearían haber comprado un modelo de mayores dimensiones. Sitúe el invernadero en un lugar abierto que reciba una gran cantidad de sol directo durante todo el día. Si está pensando en utilizar un difusor o un calentador eléctrico, le resultará indispensable disponer de una fuente segura de electricidad instalada por un electricista cualificado.

Los invernaderos pueden ser de metal (por lo general, de aluminio), los cuales tienen una mayor duración sin mantenimiento, o de madera, que es un material tradicional y combina bien con el jardín, pero que necesita aplicaciones periódicas de un conservador no tóxico. Pueden estar dispuestos directamente sobre el suelo o bien tener paredes de ladrillo hasta una tercera parte de su altura. Generalmente, las bases de un invernadero son tiras de hormigón prefabricadas y el suelo puede ser completamente sólido o contar con platabandas de tierra a cada lado para el cultivo, con un camino central.

CENADORES

Los cenadores son pequeñas edificaciones simples de jardín diseñadas para el tiempo de ocio. Inevitablemente, se convertirán en un punto focal, por lo que han de situarse con cuidado para que conduzcan la vista hacia una dirección determinada. Recuerde que cuando se siente en el interior o en el exterior del cenador, la vista en sentido contrario desde el mismo es también de gran importancia, por lo que deberá asegurarse de que el panorama desde ese punto también sea agradable. Existe un amplio repertorio de estilos de construcción disponibles, pero tenga en cuenta que un cenador debe armonizar con el resto del jardín y con la vivienda adyacente. Por ejemplo, no será adecuado construir un cenador de madera rústico junto a un edificio de hormigón y cristal. Lo mejor en la mayoría de los jardines será un diseño simple.

◁ ESTE BONITO COBERTIZO *con tejas en la cubierta quedará bien en cualquier jardín tradicional. Se encuentra parcialmente oculto por rosales «Mme. Plantier» y «New Dawn», que suavizan la rigidez del muro.*

◁ **UN CENADOR** *puede realizar varias funciones en un jardín urbano pequeño. Éste actúa como un punto focal, ofreciendo un lugar umbrío en el que sentarse, mientras ayuda a ocultar de la vista los edificios adyacentes.*

▽ **ESTA GLORIETA DE MADERA** *actúa como elemento unificador y ofrece vistas a dos ambientes del jardín. La estructura de madera azul forma una composición atrevida al tiempo que constituye un apoyo para el rosal «Aloha».*

INTEGRACIÓN Y ACCESOS

Cualquier edificación de jardín debe estar integrada en el diseño desde el principio, cosa que requiere una planificación cuidadosa. Si el espacio lo permite, procure incorporar al jardín una zona de trabajo de superficie dura, la cual puede incluir un cobertizo, un invernadero, un quemador y contenedores de compost. Esta zona puede quedar hábilmente oculta desde el resto del jardín, pero unida a la vivienda u otras partes del mismo mediante un sendero o pavimento. Un cenador, muy adecuado en climas cálidos, puede situarse simplemente al final de una pradera, donde actuará como punto focal; en este caso, no será necesario un camino que conduzca a él.

Seguridad en el jardín

Cada vez es más importante la seguridad en el jardín, no sólo para evitar los robos en la vivienda, sino también el hurto de ornamentos y elementos del propio jardín. Existen muchas maneras de desalentar a los intrusos, aunque los métodos deben ser lo menos aparatosos posible, tanto por razones prácticas como estéticas.

48

▽ **LA ILUMINACIÓN PUEDE** *ser tanto práctica como bonita. Estos sencillos globos de cristal constituyen una positiva contribución a este pequeño jardín.*

ILUMINACIÓN

La iluminación en el jardín puede tener un carácter práctico o decorativo, aunque ambas funciones se solapan en gran medida. Desde un punto de vista práctico, las luces de jardín se utilizan para iluminar entradas, paseos, senderos, patios, escaleras y zonas colindantes con la vivienda y las edificaciones de jardín. Con demasiada frecuencia esa iluminación consiste en focos halógenos demasiado brillantes, alrededor de los cuales quedan zonas muy oscuras donde una persona puede pasar prácticamente desapercibida. La iluminación de seguridad suele ser bastante más efectiva cuando se utilizan reflectores de menor potencia y de foco más difuminado para que los halos de luz se unan entre ellos. Además, el efecto creado tiene una apariencia mucho más suave.

SOLUCIONES EFECTIVAS

La iluminación a lo largo de un vial puede ser efectiva y estéticamente agradable a la vez. Evite la ostentación de intentar imitar las farolas de la calle y en su lugar utilice apoyos de luz de poca altura que proyecten iluminación hacia la superficie del camino o del vial. El propósito es iluminar el camino, no la parte superior de su cabeza. El mismo principio puede aplicarse a la iluminación de escaleras: en este caso, lo mejor es colocar apliques especiales en los escalones para que la luz se dirija directamente hacia ellos, o bien situar unos apliques de buen diseño a cualquier lado de la escalera.

Existen múltiples formas de decoración con iluminación exterior, y su grado de sofisticación varía desde la sencilla instalación de un equipo de bajo voltaje que puede llevar a cabo usted mismo hasta las complicadas estructuras ideadas por un profesional de una compañía de iluminación. Técnicas como la iluminación proyectada, la iluminación puntual y el contraluz son conocidas; intente, en cambio, imitar la iluminación de la luna disponiendo una fuente de luz entre las

△ **LAS PLANTAS ESPINOSAS Y PUNZANTES** *proporcionan un auténtico efecto disuasor en los intrusos. Este acebo (Ilex aquifolium «Argentea Marginata») es una espléndida planta perennifolia con interés durante todo el año.*

△ **LAS SUPERFICIES QUE CRUJEN** *bajo los pies pueden ser un elemento disuasor muy efectivo, y la grava es un material ideal en este sentido, tanto para senderos como para caminos más anchos. Aunque el crujido no lo perciba inmediatamente por el oído humano, sí que atraerá enseguida la atención de un perro.*

ramas de un árbol para proyectar delicadas sombras sobre el suelo, o bien adornar el haz de luz disponiéndolo de tal forma que se dirija directamente sobre la parte superior o inferior de un muro u otro elemento, de modo que capte las formas de su superficie y su textura.

LÍMITES Y PLANTACIÓN

Mantener los límites del jardín en buenas condiciones es un aspecto esencial de su mantenimiento. Mientras que una valla en buen estado, cuyas puertas se encuentren bien cerradas o bloqueadas, detendrá al ladrón casual, una rota provocará justamente el efecto contrario. Obviamente, el tipo de valla existente también constituye un aspecto muy importante: deberá decidirse entre una valla de poca altura que permita la vista y una de más altura que proporcione una barrera física eficaz. También puede instalar en ella una alarma, pero su instalación deberá correr a cargo de especialistas si

no se desea que suene constantemente debido al paso de animales.

No subestime el valor disuasorio de una plantación densa de especies punzantes y espinosas, en especial en los bordes del jardín. Un seto de acebo bien desarrollado puede proporcionar una barrera espinosa formal, aunque también puede planificar una barrera informal en la que se incluyan especies espinosas como el espino de fuego, el agracejo, el espino y *Mahonia*, así como la yuca y otras especies «agresivas». De cualquier manera, ambos tipos de valla producen los mismos efectos, por lo que para su mantenimiento se requerirá ropa y guantes resistentes.

Planificar los cultivos

Mientras que la parte física del diseño del jardín constituye el «esqueleto» del mismo, son las plantas las que, con su habilidad para proporcionar colorido y belleza durante todo el año, dotarán de vida al jardín. Vale la pena tomarse el tiempo necesario en esta etapa, y planificar la plantación como un ejercicio integrado en el diseño en lugar de colocar y seleccionar las plantas al azar. Estudie un poco cada planta, compruebe qué tamaño alcanzarán, si son perennifolias o caducifolias y cuándo florecen. Recoja toda la información sobre sus necesidades, si requieren zonas soleadas o umbrías, y analice la dirección del viento predominante así como el grado de alcalinidad o acidez del suelo.

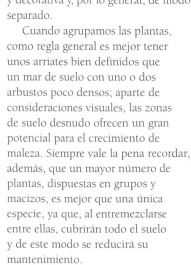

△ **LOS ÁRBOLES FRUTALES** *ofrecen un encanto adicional al jardín de primavera con su floración. Este cerezo japonés ofrece un aspecto magnífico en una parte informal del jardín, con una alfombra de jacintos a nivel del suelo.*

EL PUNTO DE PARTIDA

Cualquier jardín es un ecosistema artificial, pero fijarnos en la forma en que están agrupadas las plantas en la naturaleza nos dará pistas de por dónde empezar. Un ejemplo típico es un rico hábitat boscoso donde los árboles forman el dosel más alto, con un nivel medio de arbustos autóctonos y, finalmente, una extensa capa de cobertura del suelo. Las mismas capas han de estar presentes también en el jardín, si bien es cierto que normalmente se disponen de una forma más ordenada y decorativa y, por lo general, de modo separado.

Cuando agrupamos las plantas, como regla general es mejor tener unos arriates bien definidos que un mar de suelo con uno o dos arbustos poco densos; aparte de consideraciones visuales, las zonas de suelo desnudo ofrecen un gran potencial para el crecimiento de maleza. Siempre vale la pena recordar, además, que un mayor número de plantas, dispuestas en grupos y macizos, es mejor que una única especie, ya que, al entremezclarse entre ellas, cubrirán todo el suelo y de este modo se reducirá su mantenimiento.

ÁRBOLES

Los árboles son los gigantes del mundo de las plantas y del jardín, por lo que es importante escoger los correctos. Mientras que un jardín grande cuenta con espacio suficiente para especies forestales como el roble, el fresno, el tilo y el castaño, un jardín más pequeño quedaría rápidamente saturado. En este caso, escoja árboles de menor talla y sitúelos cuidadosamente para guiar la vista, proporcionar barreras visuales

▽ **EN ESTE RINCÓN UMBRÍO,** *el viburno, el laurel, los arces ornamentales, las hermosas y los lirios diurnos crean un efecto escalonado: sus flores amarillas y el follaje dotan al arriate de una gran vitalidad.*

y crear un alto nivel de interés procurando que no den sombra en el lugar erróneo. Una buena elección podría incluir abedules, saúcos, manzanos y cerezos de flor de tamaño reducido. No tenga la tentación de plantar un sauce llorón en un jardín delantero pequeño, ya que rápidamente hará parecer pequeña la vivienda y la calle entera. Tampoco plante nunca un árbol a una distancia de la casa menor a su altura potencial, ni tampoco especies con mucha demanda de agua como los álamos o los sauces cerca de la vivienda, ya que el hundimiento del terreno puede ser un problema en algunos tipos de suelo.

Cuando plante árboles, asegúrese siempre de que estén firmemente sujetos por una estaca robusta y las ataduras correctas. El soporte es importante durante los primeros años para que el sistema radical pueda desarrollarse lo más rápidamente posible.

No utilice nunca caña de bambú como soporte ni un par de cuerdas viejas o alambre para asegurar un árbol. Las gomas para atar árboles se pueden comprar en cualquier buen centro de jardinería.

ESTABLECER BARRERAS

La mayoría de los jardines necesitarán una barrera de arbustos perennifolios robustos que rodeen el espacio, proporcionen abrigo del viento y, en ocasiones, oculten unas vistas poco estéticas. También pueden servir para proporcionar un telón de fondo a elementos más coloridos. En un jardín pequeño se deben plantar en grupos de dos o tres, o incluso de forma individual, pero en un espacio más grande el número puede ser bastante mayor. Las especies de hoja perenne como el bambú, el cinamomo, el laurel, *Mahonia*, *Fatsia japonica*, *Viburnum rhytidophyllum* y *Choisya ternata* serán ideales.

△ **EN UN JARDÍN URBANO PEQUEÑO** *los arriates densamente poblados ayudan a crear una sensación de intimidad y a ocultar las vistas a los vecinos. Una buena proporción de plantas perennes asegura el interés también durante el invierno.*

DÓNDE SITUAR LAS CONÍFERAS

❖

Las coníferas son un importante punto focal en el conjunto de un diseño. Utilícelas de forma moderada y en lugares específicos, pues si hay demasiadas formarán un entramado que hará que la vista vaya continuamente de un lugar a otro del jardín. Si le gustan mucho, agrúpelas como si se tratase de una colección, de manera que se puedan observar pequeñas variaciones en su forma y textura.

52

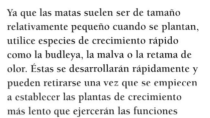

Ya que las matas suelen ser de tamaño relativamente pequeño cuando se plantan, utilice especies de crecimiento rápido como la budleya, la malva o la retama de olor. Éstas se desarrollarán rápidamente y pueden retirarse una vez que se empiecen a establecer las plantas de crecimiento más lento que ejercerán las funciones de marco.

Gran parte de las plantas de la barrera se dispondrán contra un límite, por lo que vale la pena recordar que las hojas grandes y llamativas tienden a atraer la vista y empequeñecer el espacio, cosa que hay que evitar junto a una valla o muro cercano a la vivienda. Por otro lado, el follaje fino y plumoso tiene justo el efecto contrario y puede ayudar a que un límite retroceda visualmente.

RELLENAR EL ESPACIO DISPONIBLE

Una vez se haya dispuesto la barrera en su sitio, se puede empezar a rellenar el espacio con elementos de menor altura y más llamativos. Éstos pueden ser una combinación de matas y plantas herbáceas, en los que las matas proporcionen estructura y soporte a las herbáceas perennes, que a su vez serán las que aportarán el color y la delicadeza necesarios. El número de especies del grupo de relleno puede ser mayor que el de la barrera de fondo, y debería reforzar las curvas anchas y suavizar los ángulos agudos utilizando la misma especie en ambos lados para hacer que la vista tienda a dirigirse a su parte posterior.

EL NIVEL DEL SUELO

En el nivel más bajo, por delante de un arriate, la cobertura del suelo puede emplearse para crear una alfombra, unir las plantas de mayor altura y proporcionar continuidad visual. Esta forma de cultivo suele ser permanente, por lo que se utilizan matas de crecimiento lento o perennes muy resistentes, aunque las plantas anuales

△ **LA COMBINACIÓN** de diferentes alturas, colores y texturas de las hojas forman un arriate interesante y bien equilibrado. Las plantas descienden en una gradación de altura desde las altas espigas amarillas de la vara de oro (Solidago) y las cabezuelas planas de la milenrama al bajo recubrimiento del suelo proporcionado por los geranios y Stachys byzantina en la parte anterior.

BUENAS PLANTAS DE RELLENO

Acanto

Albarraz

Altramuz

Cincoenrama

Deutzia

Espirea

Hortensia

Jara

Retama

Romero

Rosal

Rudbeckia

BUENAS PLANTAS DE SUELO

Alchemilla

Chuchameles

Cistus x dansereaui

Cotoneaster dammeri

Epimedio

Geranios

Hebe pinguifolia

Hedera (hiedra)

Hortensia de invierno

Hypericum calycinum

Pachysandra

Vinca

pueden ser muy efectivas en cultivos temporales, sobre todo cuando un arriate se desarrolla y necesita crecer rápidamente con plantas y follaje de crecimiento rápido.

Cuando se plante un arriate y se dé una gradación de plantas más altas en la parte trasera y otras más bajas en la frontal, siempre puede añadir interés agrupando un conjunto de especies más altas en la parte de delante en la zona central, una opción que puede aplicarse a perennes majestuosas y muy resistentes como los albarraces y los altramuces.

Los bulbos de primavera y las anuales de bajo crecimiento, incluyendo las plantas cobertoras de verano semirresistentes,

pueden catalogarse como cobertoras de suelo y resultan muy adecuadas para proporcionar colorido instantáneo en diferentes momentos del año, así como para rellenar los huecos entre las plantas de crecimiento más lento en un arriate que está en desarrollo.

CÓMO SACAR EL MÁXIMO PARTIDO AL COLOR

En muchos aspectos, lo que realmente vale la pena de un arriate bien planificado es la forma o el perfil del conjunto de plantas, junto con la forma y textura de su follaje. Las flores son un «extra» y, en muchos casos, ofrecen su belleza durante un tiempo limitado. Sin embargo, es importante

entender cómo funciona el color en el jardín. Los colores cálidos —rojo, naranja y amarillo— siempre son dominantes y atraen la vista hacia ellos. Si se sitúan al fondo del jardín, atraerán su atención y tenderán a acortar el espacio. En cambio, los colores pastel son menos atrayentes. En principio, si usted agrupa los colores fuertes cerca de la casa o de un punto focal y los colores pastel más lejos, aumentará la sensación de espacio, ya que la vista será conducida con mayor suavidad por el jardín. El gris, presente en el follaje de muchas plantas, contribuye a proporcionar armonía: suaviza los colores cálidos y unifica las diferentes tonalidades.

53

▽ **LA BELLEZA** *de un arriate herbáceo radica en el efecto gradual de las plantas a diferentes niveles, que proporcionan colorido e interés todo el verano. La pérgola está revestida de rosales trepadores,* Rosa «New Dawn» *y* Rosa multiflora, *mientras que los albarraces, de bastante altura, proporcionan un gran impacto en el centro del arriate.*

PREPARACIÓN DEL SUELO

Recuerde que algunos tipos de plantas pueden vivir en diferentes tipos de suelo. No tiene mucha lógica cultivar plantas herbáceas, como azaleas, rododendros y andrómedas (*véase* fotografía inferior) o brezos de floración estival en suelos alcalinos o calcáreos, ya que nunca estarán bien en ellos. Algunas plantas prefieren suelos húmedos, y otras, condiciones secas, por lo que deberá comprobar el tipo de suelo y de las condiciones en los que va a plantar. Tenga también en cuenta que cualquier tipo de suelo se ve beneficiado por la adición de materia orgánica como compost bien elaborado y estiércol, así que añádalo al mismo tiempo que la plantación para asegurarse de que las plantas tengan un buen comienzo.

Arriates bellos durante todo el año

El arriate ideal para todo el mundo es aquel que está bonito durante trescientos sesenta y cinco días al año, y esto es un testimonio fidedigno de la habilidad de su cultivo. Aunque sea difícil hacer que un arriate sea tan colorido en invierno como en pleno verano, con una planificación cuidadosa no hay razón por la que un arriate tenga que ser menos interesante en una época que en otra. El secreto se encuentra en un buen equilibrio entre plantas perennifolias y caducifolias, que deberán seleccionarse con cuidado para que su floración se produzca a diferentes tiempos, entre formas fuertes y hojas texturadas.

EL ARRIATE EN VERANO

Cuando planifique de cara al verano, piense en la riqueza de la gama de su plantación y en el conjunto de los caracteres que ofrecen las plantas individuales en lugar de pensar simplemente en los colores de las flores. Agrupe plantas con hojas cuyas texturas se complementen entre ellas y considere las flores como un complemento. Este arriate cuenta, en uno de sus extremos, con el contraste entre las hojas de los acantos y de *Vitis coignetiae* con las despampanantes flores azules de *Ceanothus* y de *Hebe* «Midsummer Beauty», que proporcionan un interés complementario. En el otro extremo, el encaje de hojas doradas de la madreselva compensa la delicadeza de la herbácea de crecimiento vertical *Miscanthus sinensis* «Nippon».

▷ **EL INVIERNO ES LA ESTACIÓN**
en la que la forma de las plantas y el follaje perenne quedan visibles. Al fondo de este arriate la madreselva retiene la mayoría de sus hojas, suavizando la valla. Las yucas punzantes tienen buen aspecto en cualquier época del año, mientras que la escalonia, la retama, Euphorbia polychroma y Stachys byzantina están siempre verdes.

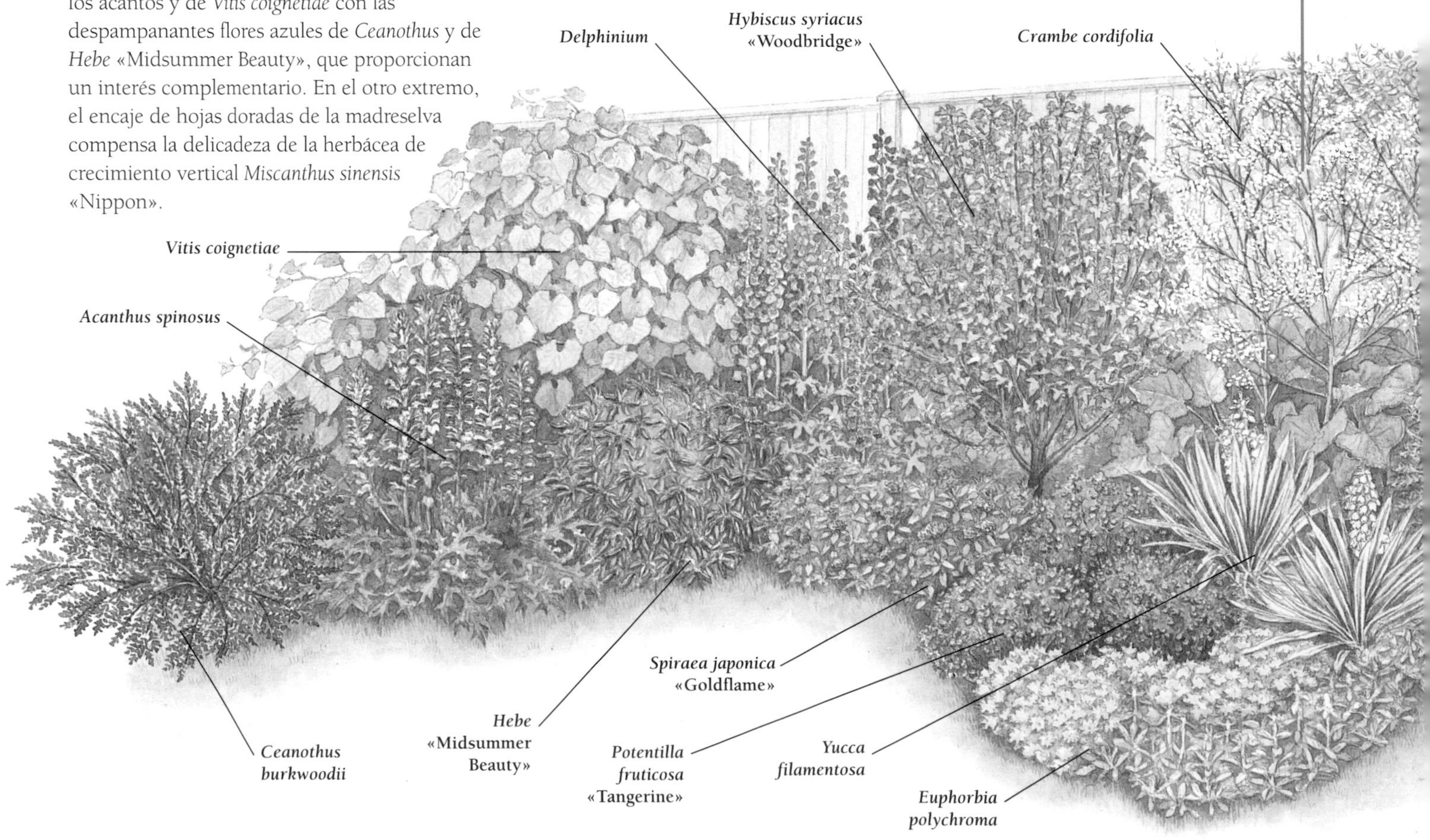

Delphinium

Hybiscus syriacus «Woodbridge»

Crambe cordifolia

Vitis coignetiae

Acanthus spinosus

Ceanothus burkwoodii

Hebe «Midsummer Beauty»

Potentilla fruticosa «Tangerine»

Spiraea japonica «Goldflame»

Yucca filamentosa

Euphorbia polychroma

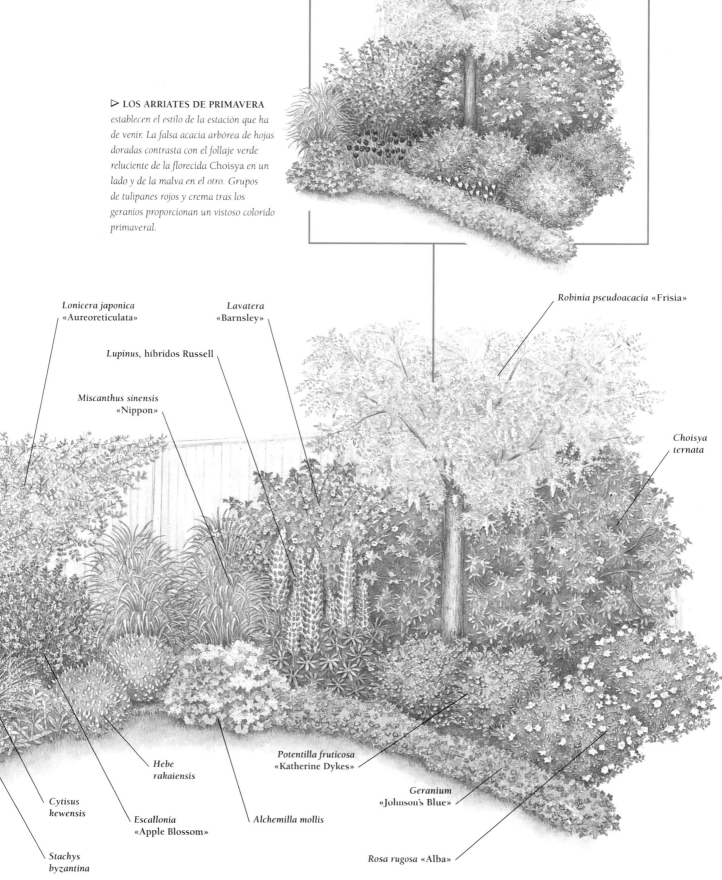

▷ **LOS ARRIATES DE PRIMAVERA**
*establecen el estilo de la estación que ha
de venir. La falsa acacia arbórea de hojas
doradas contrasta con el follaje verde
reluciente de la florecida Choisya en un
lado y de la malva en el otro. Grupos
de tulipanes rojos y crema tras los
geranios proporcionan un vistoso colorido
primaveral.*

Lonicera japonica
«Aureoreticulata»

Lavatera
«Barnsley»

Lupinus, híbridos Russell

Miscanthus sinensis
«Nippon»

Robinia pseudoacacia «Frisia»

*Choisya
ternata*

*Cytisus
kewensis*

*Hebe
rakaiensis*

Escallonia
«Apple Blossom»

Alchemilla mollis

Potentilla fruticosa
«Katherine Dykes»

Geranium
«Johnson's Blue»

*Stachys
byzantina*

Rosa rugosa «Alba»

Crear ambientes

Mientras que las divisiones y el diseño físico del jardín proporciona su estructura y su armazón, serán las plantas las que lo animarán, pues la sensación de conjunto de su jardín vendrá determinada por las especies que escoja. Puesto que existe una variedad de ambientes distintos en la mayoría de los jardines, resulta lógico seleccionar plantas cuyas necesidades de cultivo se adapten a su situación y al mismo tiempo se ajusten al estilo del diseño.

56

PLANTAS PARA UN MURO UMBRÍO
Muchas personas pierden la esperanza de plantar en las zonas umbrías de su jardín; sin embargo, existen multitud de especies que prosperan en esa situación. Este muro umbrío se encuentra completamente oculto por plantas perennifolias: el rododendro, con sus preciosas flores y hojas, se halla rodeado por la hierba de San Juan y jazmines de invierno, ambos de flores amarillas, aunque florecen en diferentes épocas del año, y *Viburnum tinus* presenta flores de excelente fragancia en invierno. Los eléboros de floración primaveral y las hortensias de invierno se expanden a un nivel más bajo.

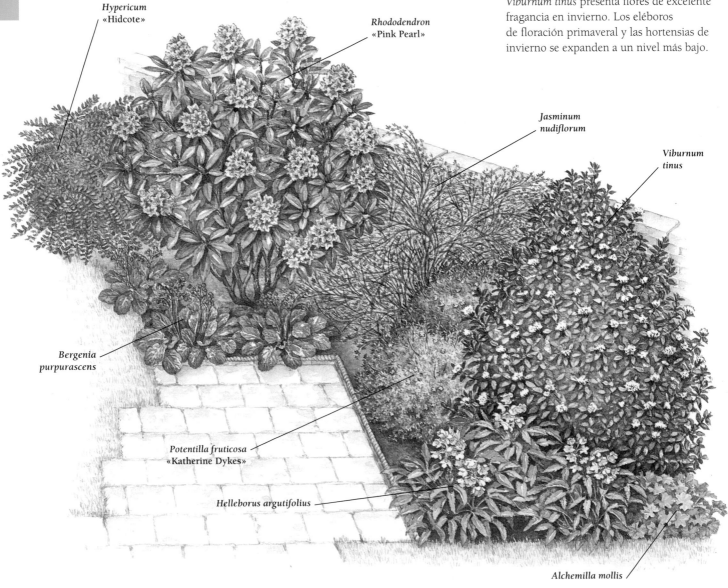

Hypericum
«Hidcote»

Rhododendron
«Pink Pearl»

*Jasminum
nudiflorum*

*Viburnum
tinus*

*Bergenia
purpurascens*

Potentilla fruticosa
«Katherine Dykes»

Helleborus argutifolius

Alchemilla mollis

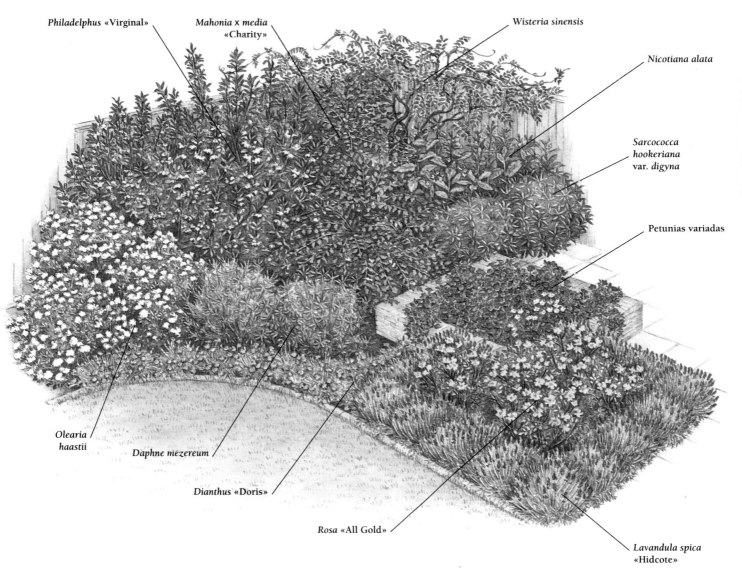

Philadelphus «Virginal»

Mahonia × media «Charity»

Wisteria sinensis

Nicotiana alata

Sarcococca hookeriana var. digyna

Petunias variadas

Olearia haastii

Daphne mezereum

Dianthus «Doris»

Rosa «All Gold»

Lavandula spica «Hidcote»

UN ARRIATE AROMÁTICO

Siempre intento planificar zonas aromáticas en mis jardines, escogiendo los lugares en los que las plantas y hojas fragantes se percibirán más. Un cuadro como éste será ideal cerca de puertas de una cristalera que conduzcan a una gran terraza o al lado de un cenador, en un lugar más distante del jardín. La fragancia de la lavanda se desprende cuando se roza al pasar, mientras que la celinda es una de las plantas más perfumadas del jardín. Con el atardecer se liberarán las fragancias de la glicina y del tabaco de flor. Otras plantas que emanan esencias inusuales son el torvisco, *Sarcococca* y *Olearia haastii*.

Tres tratamientos distintos

El número de formas de diseñar un jardín es ilimitado, pero para que el resultado sea un éxito, una parcela del mismo debería reflejar la personalidad de su propietario y su estilo de vida, razón por la cual nunca es una buena idea copiar un jardín de un libro, un programa de televisión o una exposición floral. Utilice tales jardines como inspiración, pero intente siempre dar un toque personal a su diseño. Los tres diseños para una misma parcela que aquí se muestran reflejan tres personalidades distintas.

CURVAS SENCILLAS

En esta composición sencilla y naturalista, el diseño está basado en series de enérgicas curvas. La superficie está formada sobre todo por césped, con un sendero que se dirige hacia la parte alta del jardín, donde termina en un banco, que a su vez actúa de punto focal.

Un buen recurso es el ala de vegetación que divide el espacio para que no todo sea visible de un vistazo. La creación de una sensación de misterio y sorpresa es efectiva incluso en espacios pequeños.

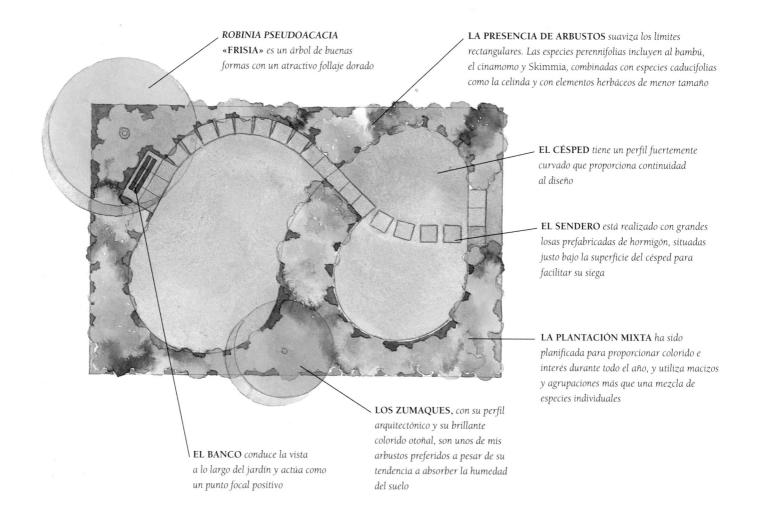

ROBINIA PSEUDOACACIA «FRISIA» *es un árbol de buenas formas con un atractivo follaje dorado*

LA PRESENCIA DE ARBUSTOS *suaviza los límites rectangulares. Las especies perennifolias incluyen al bambú, el cinamomo y Skimmia, combinadas con especies caducifolias como la celinda y con elementos herbáceos de menor tamaño*

EL CÉSPED *tiene un perfil fuertemente curvado que proporciona continuidad al diseño*

EL SENDERO *está realizado con grandes losas prefabricadas de hormigón, situadas justo bajo la superficie del césped para facilitar su siega*

LA PLANTACIÓN MIXTA *ha sido planificada para proporcionar colorido e interés durante todo el año, y utiliza macizos y agrupaciones más que una mezcla de especies individuales*

LOS ZUMAQUES, *con su perfil arquitectónico y su brillante colorido otoñal, son unos de mis arbustos preferidos a pesar de su tendencia a absorber la humedad del suelo*

EL BANCO *conduce la vista a lo largo del jardín y actúa como un punto focal positivo*

EL JARDÍN ESENCIAL

Este diseño ligeramente más estructurado, con un césped central, utiliza de nuevo curvas para sugerir movimiento, pero proporciona más espacio para sentarse y comer así como sitio para una zona de utensilios o un cobertizo en el rincón del fondo. Éste es un diseño de jardín básico, suficientemente flexible para poder incorporar nuevos elementos en él el día de mañana.

COMPOST/ ZONA DE UTENSILIOS

FALSA ACACIA

CÉSPED

LOS ROSALES *son plantas perennes muy apreciadas en cualquier jardín: mantenga una sola tonalidad de color*

59

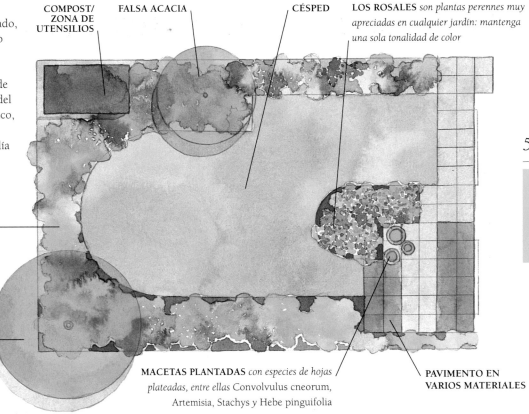

LA PLANTACIÓN MIXTA *oculta la puerta de garaje del vecino, gracias a* Viburnum tinus, *acebo,* Miscanthus *y* Eleagnus x ebbingei *«Limelight»*

MANZANO

MACETAS PLANTADAS *con especies de hojas plateadas, entre ellas* Convolvulus cneorum, Artemisia, Stachys *y* Hebe pinguifolia

PAVIMENTO EN VARIOS MATERIALES

DESARROLLO DE UN ESTILO

Este diseño más sofisticado es una progresión lógica del jardín esencial, sólo que introduce un sendero que se aleja de la terraza ampliada, para llegar hasta el banco situado en una zona pavimentada con ladrillos. Las losas de paso sobre el estanque y de retorno hacia la vivienda pasan por debajo de una pérgola flanqueada por vegetación.

PILA DE COMPOST

BANCO

PÉRGOLA *revestida con rosales trepadores y clemátides*

PAVIMENTO

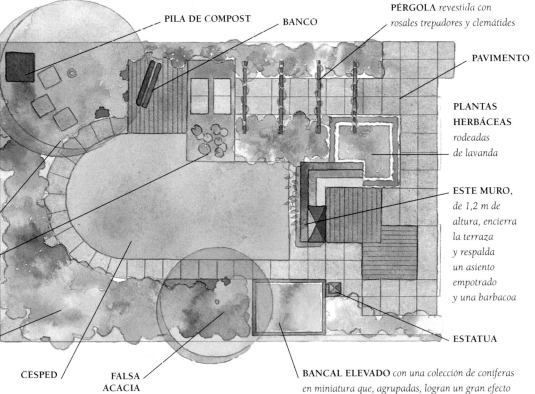

PLANTAS HERBÁCEAS *rodeadas de lavanda*

MANZANO

ESTE MURO, *de 1,2 m de altura, encierra la terraza y respalda un asiento empotrado y una barbacoa*

UN ESTANQUE *es un elemento encantador en cualquier jardín. Se han dispuesto losas de paso justo por encima de la superficie del agua*

LA PLANTACIÓN MIXTA *viste los límites: las plantas ofrecen interés en todas las estaciones*

CESPED

FALSA ACACIA

BANCAL ELEVADO *con una colección de coníferas en miniatura que, agrupadas, logran un gran efecto*

ESTATUA

El jardín de bajo mantenimiento

El mantenimiento, o mejor dicho, la ausencia del mismo es uno de los puntos más importantes en un jardín. Existe una sutil distinción entre el cultivo de macetas y un trabajo más serio en un jardín, y la clave está en encontrar un equilibrio adecuado entre la parte «dura» y la «blanda» del diseño. Una buena combinación de arbustos, herbáceas perennes y cobertura del suelo será la mejor solución para obtener un mantenimiento mínimo una vez que las plantas se hayan establecido.

60

INTERÉS ELEVADO, MANTENIMIENTO BAJO

Este jardín, creado para una pareja trabajadora con poco tiempo libre, fue diseñado para ser interesante pero con un mantenimiento mínimo. El terreno rectangular, típico de las parcelas situadas detrás de miles de casas de nueva construcción, mide 10 x 7 m y tiene un ligero grado de inclinación en subida al alejarse de la vivienda. Ya que se trata de un jardín pequeño, la totalidad del diseño se ha basado en su diagonal para ayudar a crear una sensación de mayor espacio.

La generosa terraza está pavimentada con losas que simulan la piedra natural con ladrillos insertos para lograr un vínculo visual con la casa. Un pequeño estanque elevado añade interés y unos escalones conducen hacia el césped fuertemente curvado, con su perfil enfatizado por un reborde de ladrillos, lo cual proporciona un movimiento visual en el centro del jardín. La plantación, consistente en arbustos de bajo mantenimiento con bulbosas de flor y plantas vivaces, rodea el césped.

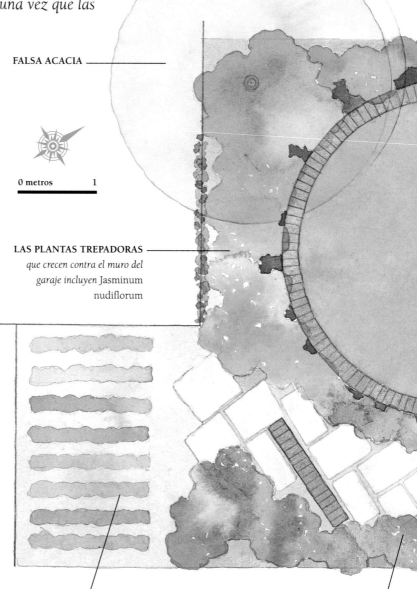

FALSA ACACIA ————

0 metros   1

LAS PLANTAS TREPADORAS ————
que crecen contra el muro del garaje incluyen Jasminum nudiflorum

EL CULTIVO DE HORTALIZAS
se enclava en un rincón poco práctico del jardín

LA PLANTACIÓN MIXTA *suaviza la frontera con la cincoenrama,* Spiraea japonica *«Goldflame» y* Alchemilla mollis, *mientras que* Clematis montana *viste la valla*

PLANTACIÓN *que cuenta con una mezcla de arbustos y de herbáceas perennes, con brochadas de Geranium endressii y G. x riversleaianum «Russell Prichard» al frente del arriate*

EL ESTANQUE FORMAL *se encuentra elevado 45 cm sobre el nivel de la terraza y decorado con un simple surtidor. Una de sus esquinas se ha transformado en un pedestal para poner un gran tiesto*

LAS TREPADORAS *son* Clematis tangutica *y* Vitis vinifera «Purpurea»

EL MARGEN ENLADRILLADO *hace más sencilla la siega del césped*

MACETAS PLANTADAS *con una colección de plantas alpinas como el arábide, las saxífragas, las uvas de gato y las gencianas*

BALDOSAS DE IMITACIÓN DE PIEDRA *se encuentran interpuestas con un pavimento de ladrillos dispuestos al azar*

ESCALONES PARA SUBIR

CULTIVO *junto a la casa de una fragante* Sarcococca, *debajo de la cual se ha plantado la cobertora de suelos* vincapervinca

EN ESTA PARTE UMBRÍA *del jardín, la plantación incluye evónimos, hermosas y hortensias de invierno, con Hydrangea petiolaris en la valla*

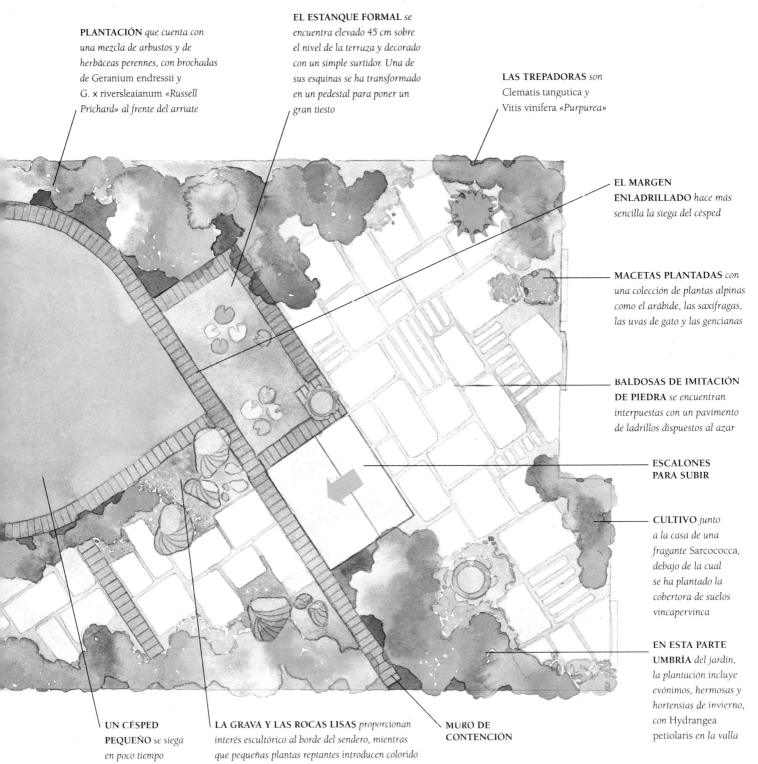

UN CÉSPED PEQUEÑO *se siega en poco tiempo*

LA GRAVA Y LAS ROCAS LISAS *proporcionan interés escultórico al borde del sendero, mientras que pequeñas plantas reptantes introducen colorido*

MURO DE CONTENCIÓN

El jardín familiar

Los hijos, los nietos o simplemente los hijos de los amigos apreciarán un jardín que realmente sea adecuado para ellos. Esto, normalmente, significará la existencia de un espacio de superficie dura bastante grande cerca de la vivienda, un prado resistente a todo tipo de juegos y, si es posible, un sendero que recorra el perímetro del jardín, para juguetes y vehículos con ruedas. Si a esto se pueden añadir plantas y flores de coloridos vistosos y un arriate situado a un lado cultivado con especies indicadas para niños podrá llegar a contar con unos buenos ayudantes de jardinería en poco tiempo.

62

VARIEDAD PARA TODAS LAS NECESIDADES

Este amplio jardín familiar fue diseñado para proporcionar un amplio abanico de posibilidades. Alejándose de la vivienda, la terraza es lo bastante generosa como para jugar en ella, así como para relajarse o realizar comidas en el exterior. El cuadro de arena elevado tiene una cubierta de quita y pon, que más adelante se podrá sustituir por un parterre o un estanque. Un sendero rodea el jardín, conduciendo la vista lejos de los límites rectangulares y dando acceso a un huerto y a un tobogán, situado sobre un basto césped. La vegetación suaviza toda la superficie y el predominio de especies resistentes hará que siempre tenga un buen aspecto.

Las principales zonas de juego y de equipamiento se encuentran a la vista de las ventanas de la casa, un aspecto importante de la seguridad. Las plantas situadas delante de las ventanas se han mantenido a poca altura, y se utilizan matas o arbustos bajos para no obstaculizar la vista.

TOBOGÁN

COBERTIZO

UN MANZANO *situado en una zona de hierba alta, aclimatada con bulbos*

LOS CULTIVOS DE HORTALIZAS *ocupan menos espacio que los de otros vegetales, pero aseguran una producción fresca. Muchas hortalizas son ideales para ser cultivadas por niños, y dan rápidos resultados*

PILA DE COMPOST *oculta por el seto de hayas*

SETO DE HAYAS

SORBUS ARIA «LUTESCENS» *es un excelente árbol de pequeño tamaño, cuyas hojas de coloración plateada son preciosas durante la primavera*

EL ARRIATE MIXTO *contiene algunas plantas de gran tamaño: las aromáticas budleyas para mariposas, malvas con magníficas flores y una gran cantidad de gigantescas y alegres flores de verano, muy queridas por los niños. Junto a ellas hay uvas de gato, también para las mariposas, y anuales de rápido crecimiento, sembradas en macizos por el arriate*

ARMAZÓN PARA ESCALAR

BANCO

COLUMPIO *situado a la vista de la casa*

LAS HERBÁCEAS RODEADAS *por lavanda proporcionan un elemento aromático convenientemente cercano a la cocina. Una vez haya pasado la floración, deje que los niños recorten las espigas de la lavanda para hacer bolsas con ellas*

ESPACIO PARA *el tendedero*

PANTALLA *realizada con una sencilla celosía de trama cuadrada recubierta por judías trepadoras de flor mezcladas con guisantes dulces blancos*

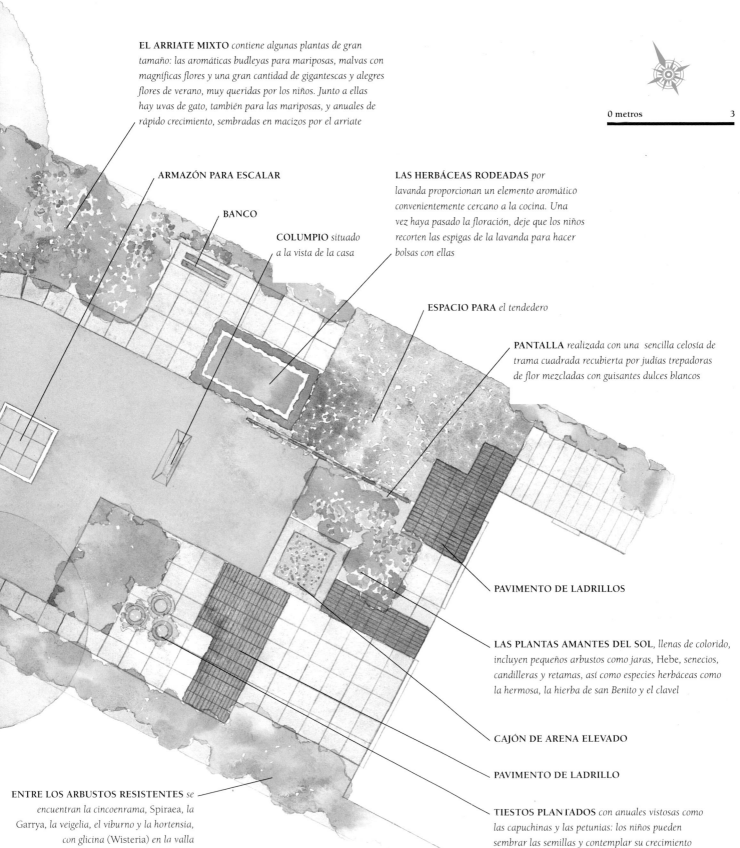

PAVIMENTO DE LADRILLOS

LAS PLANTAS AMANTES DEL SOL, *llenas de colorido, incluyen pequeños arbustos como jaras, Hebe, senecios, candilleras y retamas, así como especies herbáceas como la hermosa, la hierba de san Benito y el clavel*

CAJÓN DE ARENA ELEVADO

PAVIMENTO DE LADRILLO

ENTRE LOS ARBUSTOS RESISTENTES *se encuentran la cincoenrama, Spiraea, la Garrya, la veigelia, el viburno y la hortensia, con glicina (Wisteria) en la valla*

TIESTOS PLANTADOS *con anuales vistosas como las capuchinas y las petunias: los niños pueden sembrar las semillas y contemplar su crecimiento*

Dos jardines delanteros

Las primeras impresiones cuentan, razón por la cual el jardín frontal es un espacio importante que debería tener buen aspecto durante todo el año. No hay excusa para que un jardín frontal se vea apagado y descuidado, como sucede a menudo. En constante uso, los jardines frontales suelen tener que ejercer la función de aparcamiento además de constituir el acceso para las personas. Ya que este espacio suele ser de dimensiones limitadas, se incluya o no un aparcamiento, la simplicidad es siempre la clave para cualquier buen diseño.

64

CASA CON UNA TERRAZA

Este pequeño jardín delantero originalmente presentaba un desnivel de bajada hacia la casa, con escalones pobremente diseñados y peligrosos. El nuevo diseño está concebido como una serie de rectángulos entrelazados entre ellos creados por pavimento y vegetación. El nivel más bajo, cercano a la casa, se encuentra pavimentado con una combinación de ladrillo y de losas prefabricadas, con anchos escalones que dan paso a la parte más alta del jardín. Los grupos de plantas cobertoras del suelo hacen que el mantenimiento sea absolutamente mínimo y el arriate elevado y el manzano ornamental actúan de puntos focales.

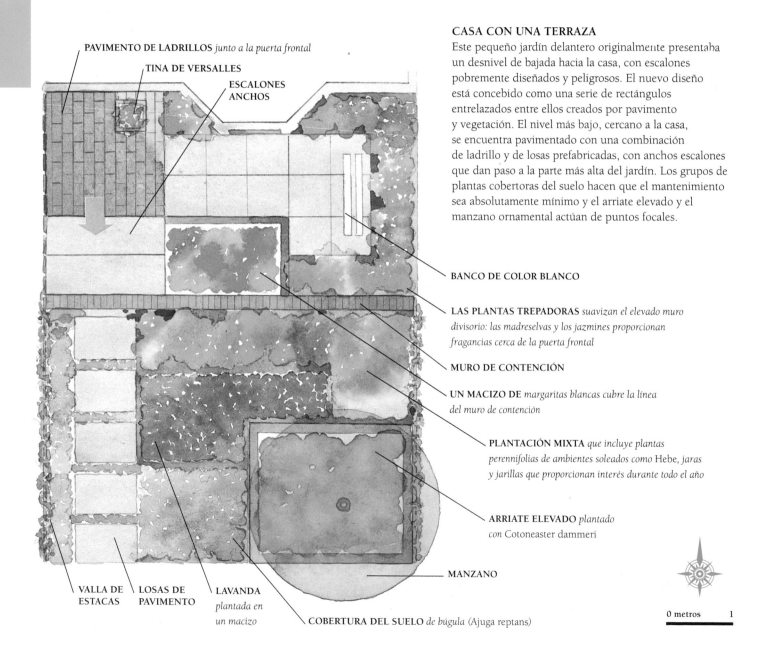

PAVIMENTO DE LADRILLOS *junto a la puerta frontal*

TINA DE VERSALLES

ESCALONES ANCHOS

BANCO DE COLOR BLANCO

LAS PLANTAS TREPADORAS *suavizan el elevado muro divisorio: las madreselvas y los jazmines proporcionan fragancias cerca de la puerta frontal*

MURO DE CONTENCIÓN

UN MACIZO DE *margaritas blancas cubre la línea del muro de contención*

PLANTACIÓN MIXTA *que incluye plantas perennifolias de ambientes soleados como Hebe, jaras y jarillas que proporcionan interés durante todo el año*

ARRIATE ELEVADO *plantado con Cotoneaster dammeri*

MANZANO

VALLA DE ESTACAS

LOSAS DE PAVIMENTO

LAVANDA *plantada en un macizo*

COBERTURA DEL SUELO *de búgula (Ajuga reptans)*

0 metros   1

JARDÍN FRONTAL CON VIAL

Ya que este jardín frontal incorpora un vial para los coches, se pedía que tuviera un mantenimiento mínimo, por lo que ambos lados del vial fueron cubiertos con grava y rocas lisas, dispuestas sobre una capa permeable de maleza. El pavimento da acceso tanto a la parte frontal de la casa como a la lateral, con plantas en macetas y un arriate elevado que proporcionan colorido e interés. Las plantas del resto del jardín lo suavizan, mientras que los abedules de hoja purpúrea proyectan una sombra que añade un punto de vista vertical al jardín.

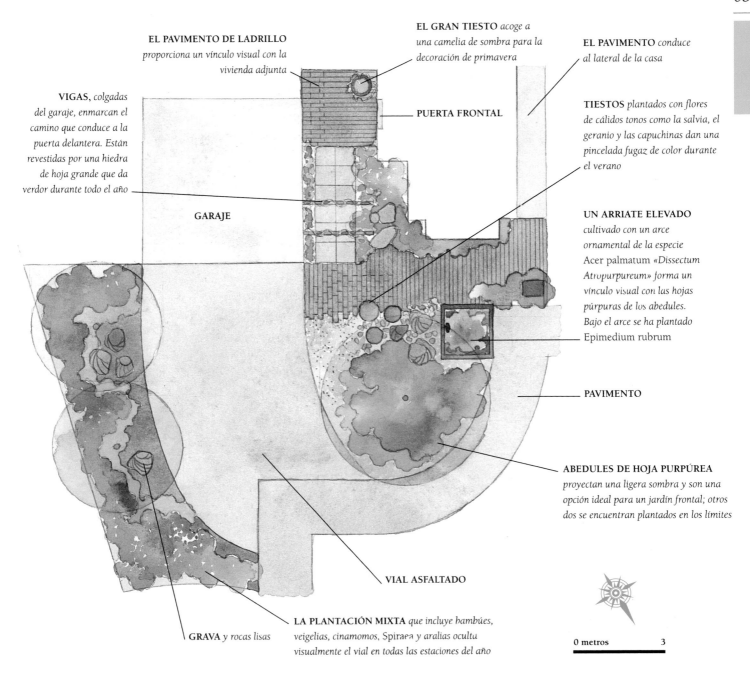

EL PAVIMENTO DE LADRILLO *proporciona un vínculo visual con la vivienda adjunta*

EL GRAN TIESTO *acoge a una camelia de sombra para la decoración de primavera*

EL PAVIMENTO *conduce al lateral de la casa*

VIGAS, *colgadas del garaje, enmarcan el camino que conduce a la puerta delantera. Están revestidas por una hiedra de hoja grande que da verdor durante todo el año*

PUERTA FRONTAL

TIESTOS *plantados con flores de cálidos tonos como la salvia, el geranio y las capuchinas dan una pincelada fugaz de color durante el verano*

GARAJE

UN ARRIATE ELEVADO *cultivado con un arce ornamental de la especie* Acer palmatum «Dissectum Atropurpureum» *forma un vínculo visual con las hojas púrpuras de los abedules. Bajo el arce se ha plantado* Epimedium rubrum

PAVIMENTO

ABEDULES DE HOJA PURPÚREA *proyectan una ligera sombra y son una opción ideal para un jardín frontal; otros dos se encuentran plantados en los límites*

VIAL ASFALTADO

GRAVA *y rocas lisas*

LA PLANTACIÓN MIXTA *que incluye bambúes, veigelias, cinamomos,* Spiraea *y aralias oculta visualmente el vial en todas las estaciones del año*

0 metros   3

Una terraza en la azotea

Los jardines de azotea, las terrazas y los balcones forman maravillosos jardines, a menudo con vistas espectaculares, pero tienen sus propias dificultades, en especial en lo que respecta al peso, a los fuertes vientos y a los problemas de acceso. Ya que es el único espacio exterior disponible para muchas personas que viven en la ciudad, vale la pena asumir cualquier trabajo estructural requerido para hacer de estos jardines un lugar seguro; la recompensa será un oasis verde situado en lo más alto de la ciudad.

66

0 metros   1

UN JARDÍN EN EL CIELO

Este pequeño jardín de azotea mide sólo 5 x 5 m y se encuentra entre dos lados del edificio y un muro divisorio que lo separa de la casa de al lado. El cuarto lado es abierto, con vistas hacia un horizonte de tejas y de chimeneas.

Al ser un edificio relativamente moderno, la subestructura del terrado ha sido diseñada tanto para soportar un espacio vital como para proporcionar acceso, pero cualquier persona que se embarca en este tipo de proyecto debería comprobar la capacidad de aguante de peso del terrado con la ayuda de un arquitecto o un ingeniero antes de proceder. Ya que la parte más resistente de todos los terrados se encuentra en sus bordes, aquí es donde se ha de distribuir el peso principal, en este caso en forma de arriates elevados y un pequeño estanque. Los arriates elevados están realizados con bloques ligeros que han sido transformados y pintados en un cálido color tierra. Se han rellenado de sustrato ligero y se riegan con riego automático. El estanque está formado con un forro de goma butílica.

El suelo está pavimentado con una combinación de ligeras losas cuadradas y baldosas delgadas de terracota, y estas últimas forman un entramado que armoniza visualmente con el resto de la composición. La madera sería otra alternativa ligera. La parte frontal del jardín tiene una pantalla de cristal que proporciona protección además de conservar gran parte de la vista.

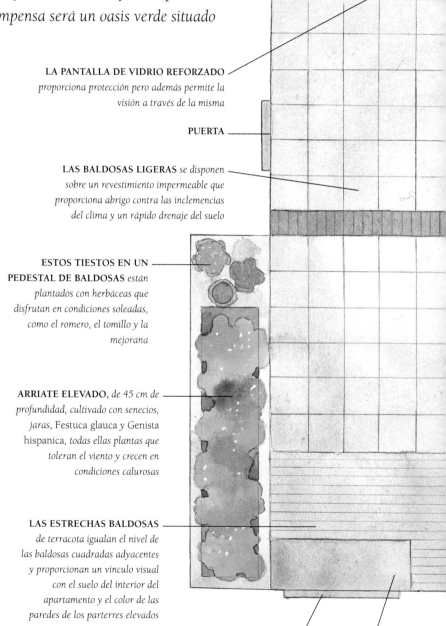

LA PANTALLA DE VIDRIO REFORZADO *proporciona protección pero además permite la visión a través de la misma*

PUERTA

LAS BALDOSAS LIGERAS *se disponen sobre un revestimiento impermeable que proporciona abrigo contra las inclemencias del clima y un rápido drenaje del suelo*

ESTOS TIESTOS EN UN PEDESTAL DE BALDOSAS *están plantados con herbáceas que disfrutan en condiciones soleadas, como el romero, el tomillo y la mejorana*

ARRIATE ELEVADO, *de 45 cm de profundidad, cultivado con senecios, jaras, Festuca glauca y Genista hispanica, todas ellas plantas que toleran el viento y crecen en condiciones calurosas*

LAS ESTRECHAS BALDOSAS *de terracota igualan el nivel de las baldosas cuadradas adyacentes y proporcionan un vínculo visual con el suelo del interior del apartamento y el color de las paredes de los parterres elevados*

PUERTA /   **ESCALÓN** /

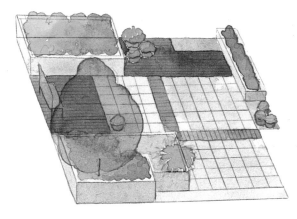

EL ESTANQUE ELEVADO *está construido con bloques ligeros y forrado con una lona de goma butílica; allí viven plantas acuáticas y peces. Una pequeña bomba sumergida proporciona un pequeño surtidor*

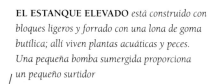

UN MANZANO *plantado en un contenedor de raíces enano es ideal en un espacio limitado; se planta en el arriate elevado y se asegura en el muro adjunto*

UN GRAN ARRIATE ELEVADO *contiene arbustos amantes del sol como la jarilla, Phlomis, Convolvulus cneorum y Hebe pinguifolia «Pagei»*

TIESTO GRANDE *plantado durante el verano con margaritas amarillas*

BANCO *situado para contemplar del estanque*

MURO LIMÍTROFE ALTO

EL ARRIATE ELEVADO *contiene* Ceanothus thyrsiflorus *var.* repens, Salvia officinalis, Cytisus battandieri *y* Yucca *sp. Todas estas son plantas que necesitan ser abonadas con regularidad*

LOS MACETONES DE TERRACOTA *acogen una colección de bulbos en primavera y plantas anuales en verano*

Jardines en forma de «L»

Los jardines que se extienden por dos lados de la vivienda o en los que una parte de la parcela no es visible desde la casa son bastante comunes, y el éxito del diseño radica en que proporcione continuidad. Demasiado a menudo esto acaba convirtiéndose en una oportunidad perdida, ya que sólo se desarrolla una parte del jardín o se agrupa todo en una única composición. El encanto de una parcela en forma de «L» es la sensación de misterio y de sorpresa que se tiene al pasar de una a otra zona del jardín, donde se abre un gran abanico de elementos y de posibilidades.

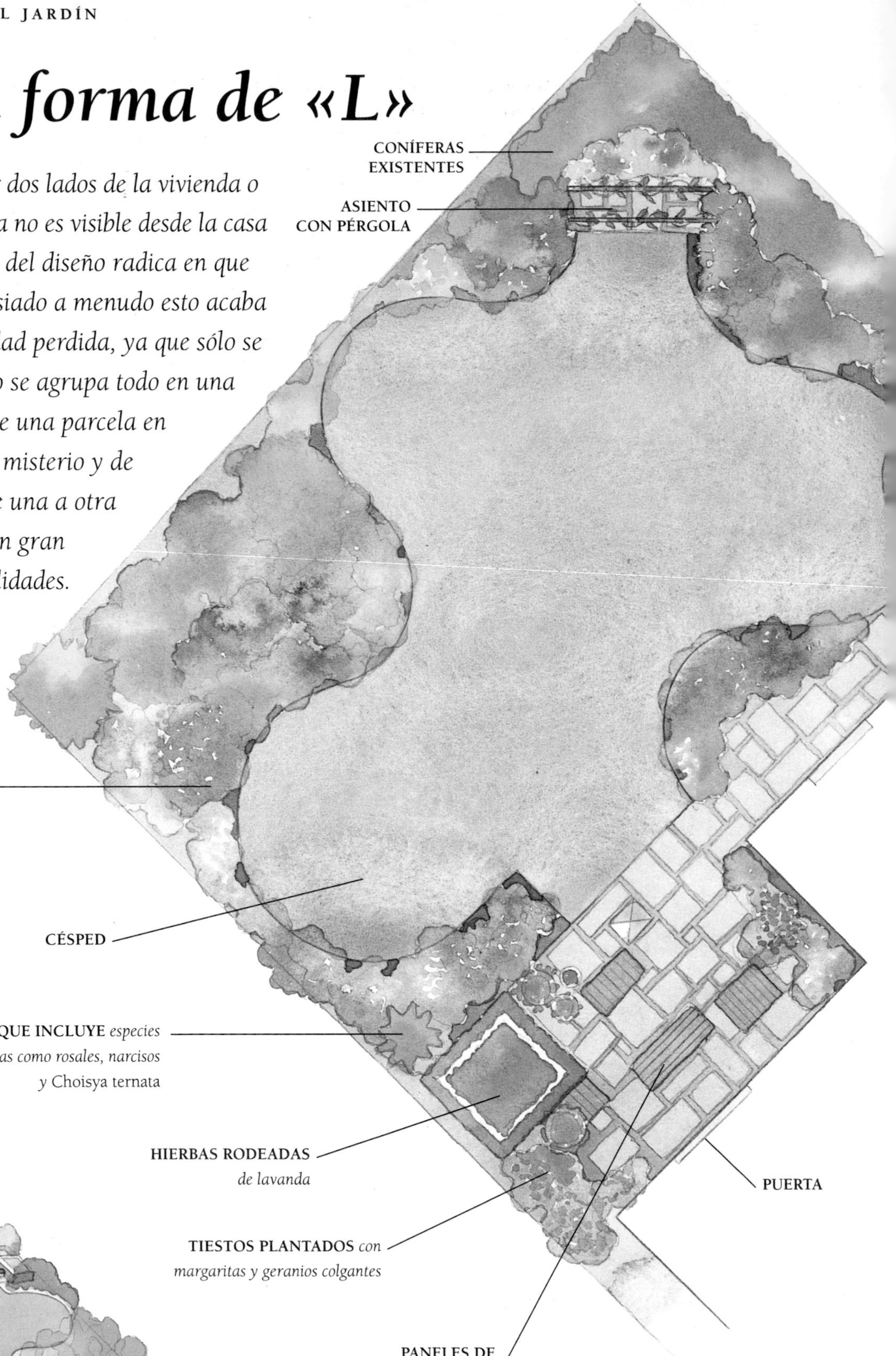

68

CONÍFERAS EXISTENTES

ASIENTO CON PÉRGOLA

PLANTACIÓN MIXTA *que suaviza el duro perfil de la valla con una combinación de arbustos y de herbáceas perennes, incluyendo la veigelia, Spiraea, la cincoenrama, el altramuz, la hierba de san Benito y varias especies de euforbias*

CÉSPED

PLANTACIÓN QUE INCLUYE *especies aromáticas como rosales, narcisos y Choisya ternata*

HIERBAS RODEADAS *de lavanda*

TIESTOS PLANTADOS *con margaritas y geranios colgantes*

PUERTA

PANELES DE LADRILLO *dispuestos entre losas de piedra natural*

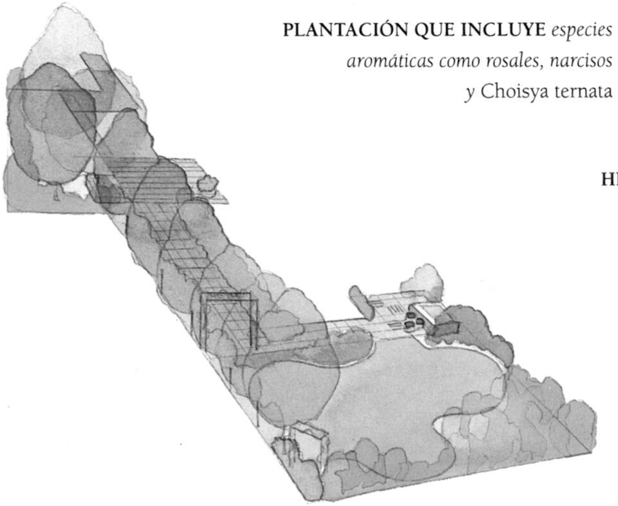

EL ARRIATE SOLEADO *utiliza grupos de matas cobertoras del suelo y herbáceas perennes, entre ellos el geranio «Johnson's Blue», Stachys byzantina y Hebe pinguifolia «Pagei» para mantener el crecimiento bajo*

UNA EXCURSIÓN POR EL JARDÍN

En esta parcela, el jardín «lateral» es un pasaje estrecho que se inicia en un invernadero adjunto a la casa y que se puede ver desde él en su totalidad. El espacio se encontraba recubierto con pinos y, una vez ahuecados, se creó un maravilloso camino de piedra que, tras atravesar el recubrimiento del suelo, da paso de forma natural al jardín más abierto de la parte trasera de la casa. Al girar la esquina, un arco recubierto por clemátides proporciona una sensación de expectación, a la vez que se abre la visión a través del jardín principal. Una vez en esa zona más amplia del jardín, con acceso desde el comedor y el salón, se tiene una auténtica sensación de espacio y movimiento gracias al césped y a varios grupos de flores bien situados. Hay un amplio espacio para sentarse y comer en la terraza, la cual está pavimentada con una mezcla de ladrillos y losas de piedra natural. Las hierbas proporcionan fragancias y se recolectan con facilidad al estar cerca de la cocina.

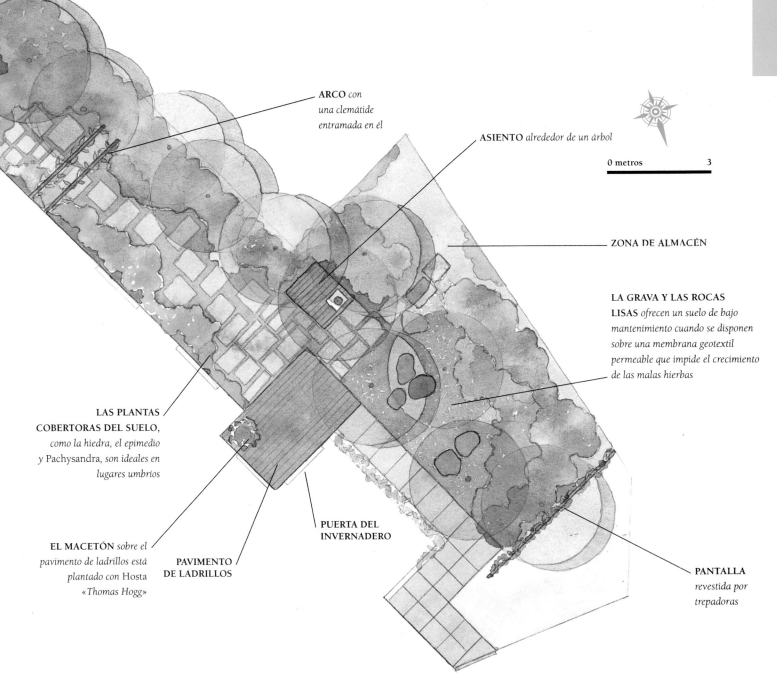

ARCO *con una clemátide entramada en él*

ASIENTO *alrededor de un árbol*

0 metros   3

ZONA DE ALMACÉN

LA GRAVA Y LAS ROCAS LISAS *ofrecen un suelo de bajo mantenimiento cuando se disponen sobre una membrana geotextil permeable que impide el crecimiento de las malas hierbas*

LAS PLANTAS COBERTORAS DEL SUELO, *como la hiedra, el epimedio y Pachysandra, son ideales en lugares umbríos*

EL MACETÓN *sobre el pavimento de ladrillos está plantado con* Hosta *«Thomas Hogg»*

PAVIMENTO DE LADRILLOS

PUERTA DEL INVERNADERO

PANTALLA *revestida por trepadoras*

Jardines largos y estrechos

Muy a menudo los jardines urbanos son largos y estrechos, en especial los que pertenecen a propiedades que están unas muy cerca de otras. Estos jardines son umbríos y visibles desde el exterior; sin embargo, forman una habitación exterior perfecta y muy protegida. Con un diseño que se proponga romper la longitud visual y disponiendo de una superficie dura cuidadosamente escogida, así como con el cultivo de plantas arquitectónicas y un mantenimiento mínimo, el adjetivo «pequeño» se convertirá en positivo.

PEQUEÑA PARCELA URBANA

Este terreno restringido apenas tiene 13 m de longitud por 6 m de anchura en la parte principal del jardín. Se accede a él desde la puerta de la cocina, que da a una terraza a menor nivel, pavimentada con piedra y filas de ladrillos dispuestas con el propósito de ensanchar visualmente el espacio. Para dividir el espacio y añadir interés se ha utilizado un cambio de nivel. Un único escalón amplio conduce al nivel superior del jardín, donde se pasa por debajo de un arco hacia un pequeño y compacto cobertizo pintado. La vegetación a lo largo de los límites es muy importante, ya que suaviza el perfil de los muros de alrededor y evita que el jardín pueda verse desde el exterior o quede demasiado cerrado.

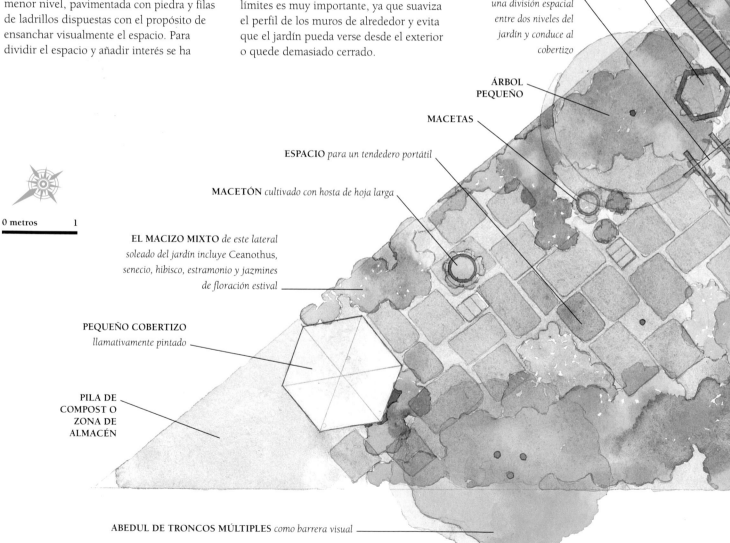

ESTA PILA BAUTISMAL, *encontrada en un anticuario, constituye un recipiente ideal*

EL ARCO *proporciona una división espacial entre dos niveles del jardín y conduce al cobertizo*

ÁRBOL PEQUEÑO

MACETAS

ESPACIO *para un tendedero portátil*

MACETÓN *cultivado con hosta de hoja larga*

EL MACIZO MIXTO *de este lateral soleado del jardín incluye Ceanothus, senecio, hibisco, estramonio y jazmines de floración estival*

PEQUEÑO COBERTIZO *llamativamente pintado*

PILA DE COMPOST O ZONA DE ALMACÉN

ABEDUL DE TRONCOS MÚLTIPLES *como barrera visual*

0 metros　　　1

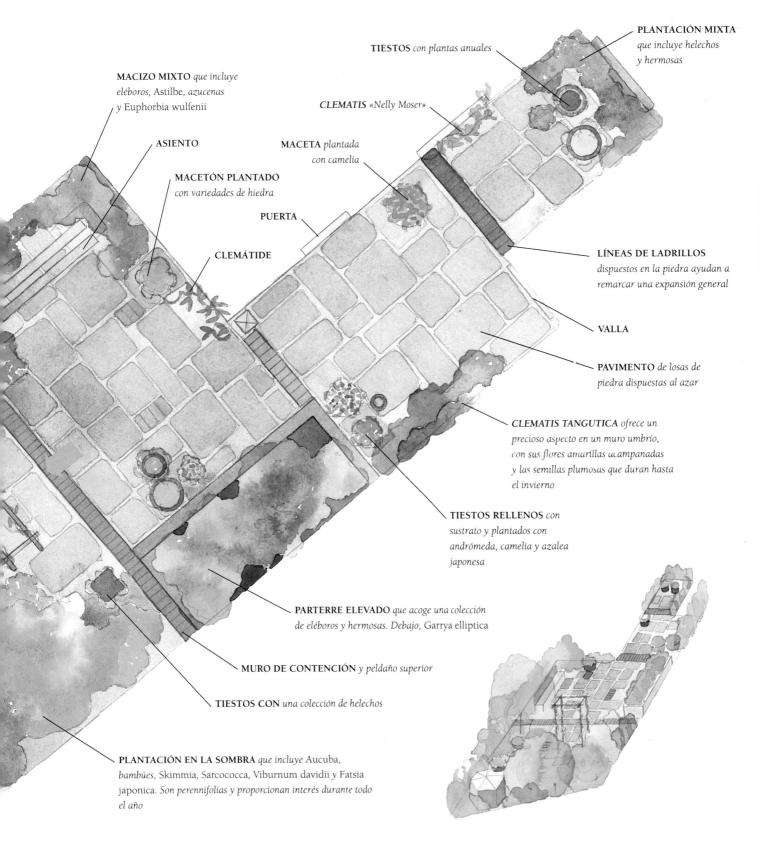

PLANTACIÓN MIXTA *que incluye helechos y hermosas*

TIESTOS *con plantas anuales*

MACIZO MIXTO *que incluye eléboros, Astilbe, azucenas y Euphorbia wulfenii*

CLEMATIS *«Nelly Moser»*

ASIENTO

MACETA *plantada con camelia*

MACETÓN PLANTADO *con variedades de hiedra*

PUERTA

CLEMÁTIDE

LÍNEAS DE LADRILLOS *dispuestos en la piedra ayudan a remarcar una expansión general*

VALLA

PAVIMENTO *de losas de piedra dispuestas al azar*

CLEMATIS TANGUTICA *ofrece un precioso aspecto en un muro umbrío, con sus flores amarillas acampanadas y las semillas plumosas que duran hasta el invierno*

TIESTOS RELLENOS *con sustrato y plantados con andrómeda, camelia y azalea japonesa*

PARTERRE ELEVADO *que acoge una colección de eléboros y hermosas. Debajo, Garrya elliptica*

MURO DE CONTENCIÓN *y peldaño superior*

TIESTOS CON *una colección de helechos*

PLANTACIÓN EN LA SOMBRA *que incluye Aucuba, bambúes, Skimmia, Sarcococca, Viburnum davidii y Fatsia japonica. Son perennifolias y proporcionan interés durante todo el año*

Desniveles

Los jardines en pendiente pueden proporcionar un interés bastante mayor que los planos, pero también son más difíciles de construir. Crear una serie de cambios de nivel significa construir muros de contención, escaleras, rampas y terrazas para proporcionar varias zonas planas utilizables. Tenga siempre en cuenta que un jardín con desnivel en subida tiende a acortar la sensación visual de espacio, mientras que uno en bajada provoca el efecto contrario.

72

CAMBIOS DE NIVEL

El cambio de nivel de este jardín está justo por debajo de los 2 m desde una punta a otra del jardín, y el espacio ha sido organizado en terrazas planas cerca de la casa y un césped a nivel en el centro. Las escaleras suben hacia el flanco izquierdo, y terminan en un cenador en la parte más elevada del jardín; el banco situado en el interior de éste se encuentra orientado hacia el estanque, con sus afloramientos rocosos y la turbulenta caída de agua. La vegetación suaviza y rodea al jardín, apartando la vista de esos límites poco elegantes.

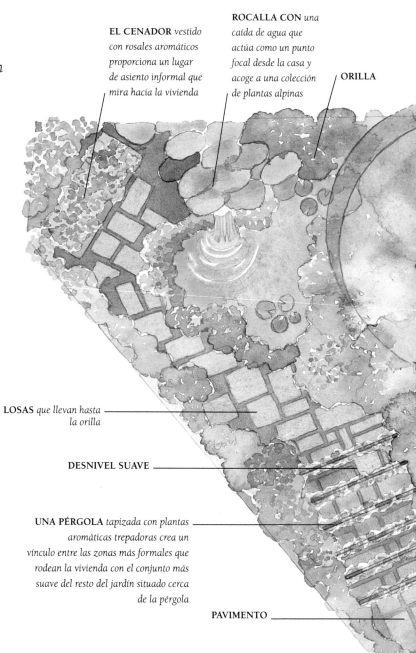

EL CENADOR *vestido con rosales aromáticos proporciona un lugar de asiento informal que mira hacia la vivienda*

ROCALLA CON *una caída de agua que actúa como un punto focal desde la casa y acoge a una colección de plantas alpinas*

ORILLA

LOSAS *que llevan hasta la orilla*

DESNIVEL SUAVE

UNA PÉRGOLA *tapizada con plantas aromáticas trepadoras crea un vínculo entre las zonas más formales que rodean la vivienda con el conjunto más suave del resto del jardín situado cerca de la pérgola*

PAVIMENTO

LA PLANTACIÓN MIXTA *situada por todo el jardín es una combinación de arbustos y perennes herbáceas con vivaces para mantener el interés durante el invierno*

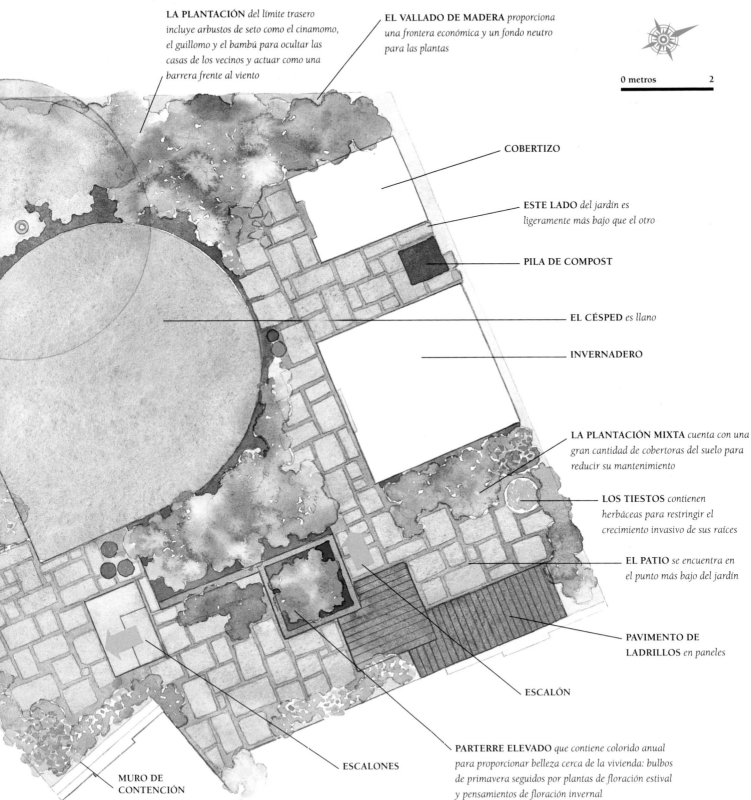

LA PLANTACIÓN *del límite trasero incluye arbustos de seto como el cinamomo, el guillomo y el bambú para ocultar las casas de los vecinos y actuar como una barrera frente al viento*

EL VALLADO DE MADERA *proporciona una frontera económica y un fondo neutro para las plantas*

0 metros   2

COBERTIZO

ESTE LADO *del jardín es ligeramente más bajo que el otro*

PILA DE COMPOST

EL CÉSPED *es llano*

INVERNADERO

LA PLANTACIÓN MIXTA *cuenta con una gran cantidad de cobertoras del suelo para reducir su mantenimiento*

LOS TIESTOS *contienen herbáceas para restringir el crecimiento invasivo de sus raíces*

EL PATIO *se encuentra en el punto más bajo del jardín*

PAVIMENTO DE LADRILLOS *en paneles*

ESCALÓN

ESCALONES

MURO DE CONTENCIÓN

PARTERRE ELEVADO *que contiene colorido anual para proporcionar belleza cerca de la vivienda: bulbos de primavera seguidos por plantas de floración estival y pensamientos de floración invernal*

Jardines formales

Los jardines formales cuentan con una belleza tradicional y ofrecen una sensación de espacio basada en la simetría. Presentan un equilibrio entre los aspectos del diseño y se basan en un único eje o un conjunto bien definido de ejes que divide la superficie en un patrón de compartimentos o «salas», cada una de las cuales puede presentar un estilo particular. Los diseños formales tienden a ser adecuados junto a una casa moderna o de época que tenga una fachada clásica, de carácter formal.

74

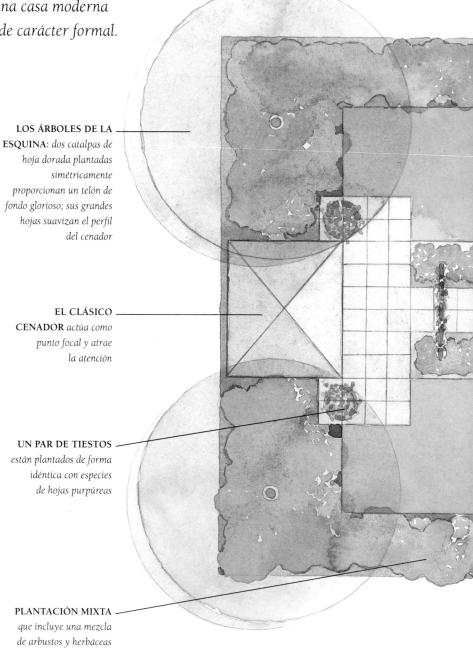

IMAGEN ESPECULAR

Este jardín colinda con una pequeña casa moderna con una sencilla cristalera que da acceso a una terraza ligeramente elevada. La terraza está pavimentada con una combinación de ladrillos y baldosas de hormigón prefabricadas, y el pavimento de ladrillo en el centro proporciona un lazo visual con la edificación. Unas escaleras anchas conducen hacia un césped central, flanqueado por dos bancos dirigidos hacia el interior.

La parcela rectangular se encuentra dividida en dos mitades, con dos «alas» de pared o de celosía que separan la primera de la segunda. El camino central que forma el eje principal pasa por debajo de una pérgola y acaba en un cenador situado al final del jardín. Dos prados de menor tamaño y árboles idénticos estrechan la sensación de formalidad, al mismo tiempo que proporcionan una estabilidad visual equilibrada.

LOS ÁRBOLES DE LA ESQUINA: *dos catalpas de hoja dorada plantadas simétricamente proporcionan un telón de fondo glorioso; sus grandes hojas suavizan el perfil del cenador*

EL CLÁSICO CENADOR *actúa como punto focal y atrae la atención*

UN PAR DE TIESTOS *están plantados de forma idéntica con especies de hojas purpúreas*

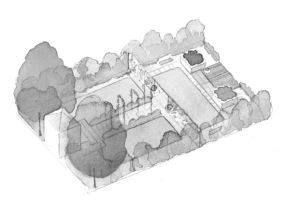

PLANTACIÓN MIXTA *que incluye una mezcla de arbustos y herbáceas perennes en colores fríos*

LA PÉRGOLA *refuerza el eje central y conduce hacia el cenador. Está cubierta de rosales trepadores de pálidos colores*

AQUÍ LA PLANTACIÓN MIXTA *está diseñada en colores más cálidos que son adecuados cerca de la terraza principal y forman un punto de vista*

0 metros   2

75

CÉSPED

ASIENTOS

CÉSPED

PARTERRE ELEVADO

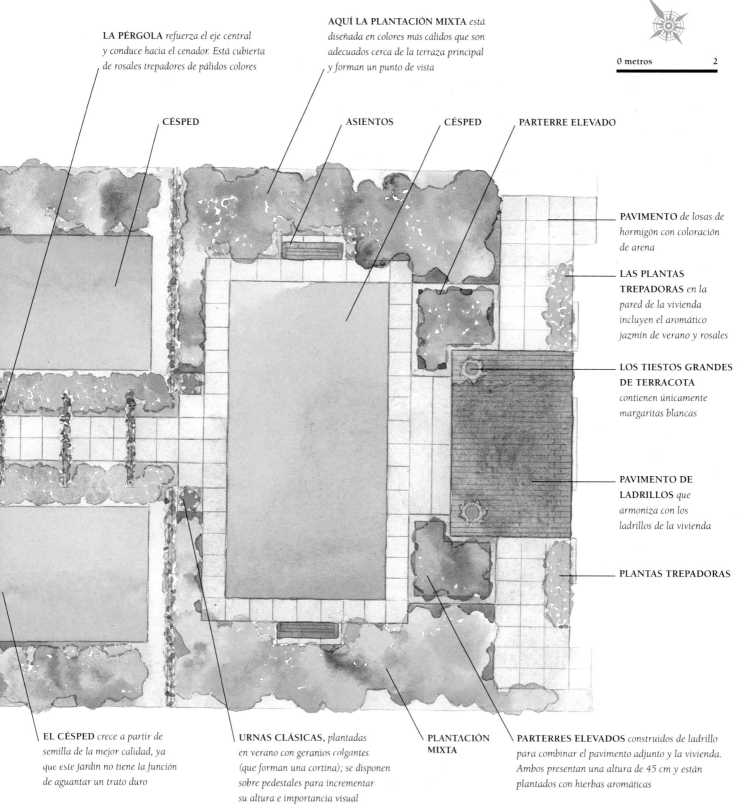

PAVIMENTO *de losas de hormigón con coloración de arena*

LAS PLANTAS TREPADORAS *en la pared de la vivienda incluyen el aromático jazmín de verano y rosales*

LOS TIESTOS GRANDES DE TERRACOTA *contienen únicamente margaritas blancas*

PAVIMENTO DE LADRILLOS *que armoniza con los ladrillos de la vivienda*

PLANTAS TREPADORAS

EL CÉSPED *crece a partir de semilla de la mejor calidad, ya que este jardín no tiene la función de aguantar un trato duro*

URNAS CLÁSICAS, *plantadas en verano con geranios colgantes (que forman una cortina); se disponen sobre pedestales para incrementar su altura e importancia visual*

PLANTACIÓN MIXTA

PARTERRES ELEVADOS *construidos de ladrillo para combinar el pavimento adjunto y la vivienda. Ambos presentan una altura de 45 cm y están plantados con hierbas aromáticas*

Un jardín acogedor

En muchas situaciones, una casa no adosada puede situarse justo en el centro de la parcela, con el jardín formando una envuelta de espacios que fluyen de uno a otro. Un diseño exitoso no sólo reforzará esta sensación de continuidad, sino que al mismo tiempo permitirá que cada zona tenga su propia identidad y función específica. Esto puede suponer un reto, especialmente si las dimensiones de cada sección del jardín son limitadas, pero seguirá siendo posible fortalecer la sensación de fluidez del espacio.

UN DISEÑO FLUIDO

La belleza de este jardín se despliega a medida que uno camina alrededor de la casa. El semicírculo del césped lateral se encuentra oculto del jardín principal por una celosía y un arco. Una vez ha pasado a través de él, la fuerte composición proporciona movimiento real a medida que el sendero se introduce en la pérgola y conduce al banco y al cenador situados en el ángulo más lejano del jardín. La zona de asiento con agua está pavimentada con baldosas rectangulares dispuestas al azar; el elemento de agua proporciona sonido, movimiento e interés. Si nos movemos de nuevo, las vigas elevadas sobre el nivel de la cabeza dan paso a un parterre formal de herbáceas y a un huerto. Por lo tanto, mientras que cada zona tiene su propio carácter y función, el diseño los enlaza perfectamente.

EL PEQUEÑO CÉSPED LATERAL *tiene una forma contundente*

UN GRAN TIESTO *crea un punto focal al entrar en la primera zona del jardín*

PLANTACIÓN MIXTA *que incluye plantas de sombra*

INVERNADERO

LAS PLANTAS TREPADORAS *se entremezclan en la valla*

PILA DE COMPOST

UN HUERTO *rellena el terreno poco práctico que queda entre la casa y su límite. Tanto el invernadero como la pila de compost y el cobertizo tienen una función práctica; las judías trepadoras crecen guiadas por la valla*

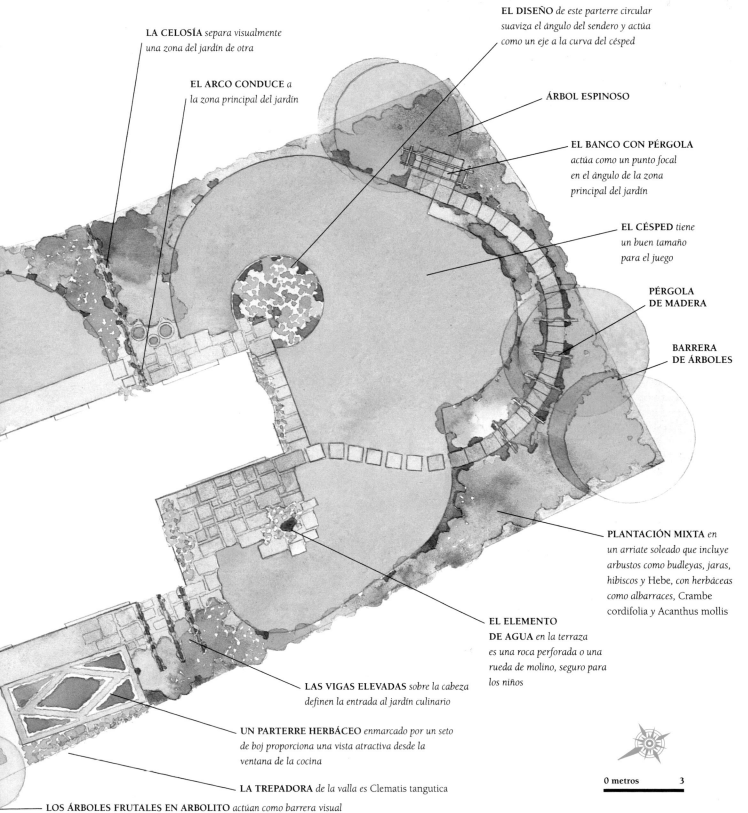

LA CELOSÍA *separa visualmente una zona del jardín de otra*

EL ARCO CONDUCE *a la zona principal del jardín*

EL DISEÑO *de este parterre circular suaviza el ángulo del sendero y actúa como un eje a la curva del césped*

ÁRBOL ESPINOSO

EL BANCO CON PÉRGOLA *actúa como un punto focal en el ángulo de la zona principal del jardín*

EL CÉSPED *tiene un buen tamaño para el juego*

PÉRGOLA DE MADERA

BARRERA DE ÁRBOLES

PLANTACIÓN MIXTA *en un arriate soleado que incluye arbustos como budleyas, jaras, hibiscos y Hebe, con herbáceas como albarraces, Crambe cordifolia y Acanthus mollis*

EL ELEMENTO DE AGUA *en la terraza es una roca perforada o una rueda de molino, seguro para los niños*

LAS VIGAS ELEVADAS *sobre la cabeza definen la entrada al jardín culinario*

UN PARTERRE HERBÁCEO *enmarcado por un seto de boj proporciona una vista atractiva desde la ventana de la cocina*

LA TREPADORA *de la valla es Clematis tangutica*

LOS ÁRBOLES FRUTALES EN ARBOLITO *actúan como barrera visual*

0 metros   3

78

AGRADECIMIENTOS

Los editores y los autores desean agradecer a las siguientes personas su apoyo en la creación de este libro: **P. Mitchell**, **R. Hills** y **Victoria Sanders** por permitirnos hacer fotografías en sus jardines; **Paul Elding** y **Stuart Watson**, de BOURNE VALLEY NURSERIES, Addlestone, Surrey, por sus consejos, material y estudio; y a **John Swithinbank** por todo el apoyo y ánimo que dio a Anne.

CRÉDITOS DE LAS ILUSTRACIONES

CLAVE: s = superior; i = inferior; iz= izquierda; d = derecha; c = centro; D = diseñador; J = jardín

Neil Campbell-Sharp: J: 32iz.
GARDEN FOLIO: **Graham Strong** 38d.
John Glover: J: Toad Hall 14iz; J: Chelsea 1992 15i; 20iiz; D: Naila Green 42d; J: Holbeach Rd, Shrops 43iz; 48iz.
HAMILTON PHOTOGRAPHY: **Stephen Hamilton** 31iiz, 31id.
HARPUR GARDEN LIBRARY: **Jerry Harpur** J: Barnsley House, Glocs 12d; Diana Ross, Londres 12iz;
Jacqui Hurst: 34id, J: Manor Farm, Lincs 46iz;
Andrew Lawson: 22iiz, 38iz.
CLIVE NICHOLS GARDEN PICTURES: **David Hicks** 24d; J: Mill House, Sussex 10d; D: Mr & Mrs D. Terry 11s; D: Jill Billington 13; D: Gordon

White, Austin, Texas 14d; D: Sue Berger 15s; D: Dan Pearson 18s; D: R & J Passmore 19; J: Meadow Plants, Berks 21iz; D: Christopher Masson 23; D: Oliva Clarke 25d; Claus Scheinert 25iz; J: Coton Manor, Northants 26id; D: Jill Billington 27; D: Randle Siddeley 31s; D: Wendy Lauderdale 32sd; D: R & J Passmore 34iiz; 34s, D: Vic Shanley 35iz; D: Lucy Gent 35d; D: Jill Billington 37d; D: Jill Billington 39iz; J: Butterstream, Eire 40iz; D: Nigel Colburn 41iz; J: Turn End Garden, Bucks 41d; D: Jill Billington 43d; J: Mill House, Sussex 44; D: Christian Wright 45iz; D: E Bristo, Chelsea 1991 45d; D: Julie Toll 46d; 47s, J: Wollerton Hall, Shrops 47i; J: Greystone Hall, Oxon 50iz; D: Jill Billington 59d; J: Vale End, Surrey 52; J: Mrs Glaisher, Kent 53.
PHOTOS HORTICULTURAL PICTURE LIBRARY: 21d.
DEREK ST. ROMAINE PHOTOGRAPHY: **Derek St. Romaine** 9iz, 9d, J: Bonita Bulaitis, Hampton Court 1996 22cd; 24i, D: Mark Walker, Chelsea 1996; 26iiz, 26sd, 28iiz, D: Julie Toll, Chelsea 1996 33iiz; J: Wyken Hall 37i; D: Julian Dowel y Jacquie Gordon, Chelsea 1997 39d, 49; **Helen Dillion** 32id.
THE GARDEN PICTURE LIBRARY: **Lynne Brotchie** 36iz; **Geoff Dann** 6i; **John Glover** 48d, **Tim Griffith** 18i, **Noel Kavanagh** 51; **Lamontagne** 53d; **Clive Nichols** 6c; **Marie O'Hara** 42iz; **Jerry Pavia** 20siz; **Howard Rice** 40d, **JS Sira** 6s, 37siz; **Ron Sutherland** 7, 32; **Brigitte Thomas** 29s, 33d, 36d; **Mel Watson** 32siz.

FOTOGRAFÍA ADICIONAL: **Steve Gorton** 3, 20sd, 20id, 28sd, 29i, 32sc. **Matthew Ward** 8 todas, 11i, 16 todas.